LIBERA TU MAGIA

ELIZABETH GILBERT

autora del bestseller *COMER, REZAR, AMAR*

LIBERA TU MAGIA

UNA VIDA CREATIVA MÁS ALLÁ DEL MIEDO

AGUILAR

Libera tu magia

Título original: *Big Magic*

Primera edición: septiembre de 2016

D. R. © 2015, Elizabeth Gilbert

© 2016, de la presente edición en castellano para todo el mundo:
Penguin Random House Grupo Editorial, S.A.U.
© 2016, de la presente edición en castellano:
Penguin Random House Grupo Editorial USA, LLC.
8950 SW 74th Court, Suite 2010
Miami, FL 33156

www.megustaleerenespanol.com

D. R. © 2016, Laura Vidal, por la traducción
D. R. © Helen Yentus, por el diseño de cubierta
D. R. © Henry Hargreaves, por la fotografía de portada

ISBN: 978-1-941999-99-8

Impreso en Estados Unidos – *Printed in USA*

Penguin
Random House
Grupo Editorial

Va por ti, Rayya

P.: ¿Qué es la creatividad?
R.: La relación entre un ser humano
y los misterios de la inspiración.

Índice

1
Valor

Tesoros ocultos

Érase una vez un hombre llamado Jack Gilbert que no era pariente mío…, por desgracia para mí.

Jack Gilbert fue un gran poeta, pero si nunca has oído hablar de él, no te preocupes. No es culpa tuya. Nunca le preocupó demasiado ser conocido. Pero yo sí supe de su existencia y lo quise mucho desde una distancia respetuosa, así que déjame que te hable de él.

Jack Gilbert nació en Pittsburgh en 1925 y creció rodeado del humo, el ruido y las fábricas de esa ciudad. De joven trabajó en fábricas y acererías, pero muy pronto sintió la llamada de la poesía. Acudió a ella sin dudarlo. Se hizo poeta de la misma manera en que otros se hacen monjes: como una práctica devota, como un acto de amor y un compromiso de por vida con la búsqueda de la gracia y la trascendencia. Creo que esta es, probablemente, una excelente manera de convertirse en poeta. En realidad, de convertirse en cualquier cosa que conquiste tu corazón y te haga sentir vivo.

Jack podría haber sido famoso, pero no le interesaba. Tenía el talento y el carisma necesarios para la fama, pero no el interés. Su primer libro de poemas, publicado en 1962, obtuvo el prestigioso premio Yale Younger Poets y fue nominado al Pulitzer. Pero lo más importante es que conquistó a lectores y críticos por igual, una hazaña nada fácil para un poeta en el mundo moderno. Había algo en él que atraía a las personas y las cautivaba. Encima de un escenario era guapo, apasionado, sexi y brillante. Era un imán para las mujeres y un ídolo para los hombres. La revista *Vogue* le hizo un reportaje fotográfico con aspecto arrebatador y romántico. La gente estaba loca por él. Podría haber sido una estrella del rock.

En lugar de eso, desapareció. No quería que el alboroto lo distrajera. Años más tarde dijo que su fama le había resultado aburrida, no porque fuera algo inmoral o corruptor, sino simplemente porque era lo mismo todos los días. Buscaba algo más enriquecedor,

más complejo, más variado. Así que lo dejó. Se fue
a Europa y se quedó allí veinte años. Vivió una temporada en Italia y una temporada en Dinamarca, pero
casi todo el tiempo lo pasó en una choza de pastor en
lo alto de una montaña en Grecia. Desde allí contempló
los misterios eternos, observó cómo cambiaba la luz
y escribió sus poemas en privado. Vivió historias de
amor, obstáculos, victorias. Era feliz. Se las arreglaba
para ganar un sustento haciendo esto y lo otro. Necesitaba poco. Dejó que su nombre cayera en el olvido.

Pasadas dos décadas, Jack Gilbert reapareció
y publicó un nuevo poemario. El mundo literario
volvió a enamorarse de él. De nuevo, podría haberse
hecho famoso. De nuevo, desapareció…, esta vez
durante diez años. Este sería siempre su patrón: aislamiento seguido de la publicación de algo sublime
seguida de más aislamiento. Era como una orquídea
rara que florece cada muchos años. Nunca se pro-
mocionó a sí mismo ni siquiera mínimamente. (En
una de las escasas entrevistas que concedió le preguntaron cómo creía que había afectado su distancia-
miento del mundo editorial a su carrera literaria. Se
rio y dijo: "Supongo que ha sido funesto").

La única razón por la que sé quién fue Jack Gilbert es que, ya a edad avanzada, volvió a Estados

Unidos y —por motivos que siempre ignoraré— aceptó un puesto de profesor interino en el departamento de escritura creativa de la Universidad de Tennessee, Knoxsville. Al año siguiente, 2005, resultó que yo tuve exactamente el mismo trabajo (puesto al que por el campus empezaron a llamar, en broma, "la cátedra Gilbert"). Encontré los libros de Jack Gilbert en mi despacho, el mismo que había sido suyo. Era casi como si la habitación conservara el calor de su presencia. Leí sus poemas y me conquistaron su grandeza y lo mucho que me recordaba su escritura a la de Whitman. ("Tenemos que arriesgarnos al deleite", escribió. "Debemos obstinarnos en gozar en esta incineradora despiadada que es el mundo").

Teníamos el mismo apellido, habíamos tenido el mismo puesto de trabajo, ocupado el mismo despacho, habíamos tenido muchos alumnos comunes y ahora me había enamorado de sus palabras. Como es natural, empecé a sentir una gran curiosidad por él. Empecé a preguntar por ahí: ¿Quién era Jack Gilbert?

Los alumnos me dijeron que era el hombre más extraordinario que habían conocido. Que no parecía de este mundo, dijeron. Que daba la impresión de vivir en un estado de perpetuo asombro y que los

18

animaba a hacer lo mismo. No les enseñó tanto *cómo* escribir poesía, dijeron, sino *por qué:* por deleite. Por gozo obstinado. Les dijo que debían vivir sus vidas de la forma más creativa posible y resistirse así a la incineradora despiadada que es el mundo.

Pero sobre todo les pedía a sus alumnos que fueran valerosos. Sin valor, les enseñaba, nunca serían capaces de desarrollar sus habilidades al máximo. Sin valor no llegarían a conocer el mundo con la profundidad con que éste ansía ser conocido. Sin valor sus vidas seguirían siendo pequeñas, mucho más pequeñas probablemente de lo que querían.

No llegué a conocer a Jack Gilbert, que ya no está con nosotros: murió en 2012. Podría haberme propuesto buscarlo y conocerlo mientras seguía vivo, pero lo cierto es que no quise. (La experiencia me ha enseñado a ser cauta a la hora de conocer a mis héroes en persona; puede ser muy decepcionante). En cualquier caso, me gustaba la manera en que vivía en mi imaginación como una presencia inmensa y poderosa, basada en sus poemas y en las historias que había oído sobre él. Así que decidí conocerlo sólo de esa manera, a través de mi imaginación. Y ahí es donde continúa hoy: vivo en mi pensamiento, completamente interiorizado, casi como si lo hubiera soñado.

Pero nunca olvidaré lo que el verdadero Jack Gilbert le dijo a otra persona, alguien de carne y hueso, una tímida estudiante de la Universidad de Tennessee. Esta joven me contó que una tarde, después de su clase de poesía, Gilbert le había hecho un comentario aparte a ella. Alabó su trabajo y a continuación le preguntó qué quería hacer con el resto de su vida. Vacilante, la chica admitió que estaba pensando en ser escritora.

Gilbert sonrió a la chica con simpatía infinita y preguntó: "¿Tienes el valor? ¿Tienes el valor de sacar esa obra que llevas dentro? Los tesoros que están escondidos en tu interior confían en que digas que *sí*".

VIVIR CREATIVAMENTE. DEFINICIÓN

Ésta es, en mi opinión, la cuestión central alrededor de la que está articulada toda existencia creativa: "¿Tienes el valor de sacar los tesoros escondidos en tu interior?"

Mira, yo no sé qué tienes tú escondido en tu interior. No tengo manera de saberlo. Es posible que ni tú mismo lo sepas, aunque sospecho que algún atisbo has tenido. No conozco tus habilidades, tus aspiraciones, tus anhelos, tus talentos ocultos. Pero sin duda albergas algo maravilloso en tu interior. Esto lo digo convencida porque, en mi opinión, todos somos portadores de tesoros enterrados. Creo que ésta es una de las bromas más antiguas y generosas que le gasta el universo a los seres humanos, y lo hace tanto por su propia diversión como por la nuestra: el universo entierra joyas inesperadas dentro de todos nosotros y luego da un paso atrás y espera a ver si las encontramos.

La búsqueda para desenterrar esas joyas: eso es vivir creativamente.

El valor de emprender esa búsqueda: eso es lo que diferencia una existencia anodina de una especial.

A los a menudo sorprendentes resultados de esa búsqueda es a lo que yo llamo Gran Magia.

UNA EXISTENCIA AMPLIFICADA

Cuando hablo de "vida creativa", que quede claro que no me refiero por fuerza a intentar llevar una existencia que esté profesional o exclusivamente dedicada a las artes. No estoy diciendo que tengas que convertirte en un poeta que viva en la cima de una montaña en Grecia, o actuar en el Carnegie Hall, o ganar la Palma de Oro en el festival de cine de Cannes. (Aunque si quieres intentar alguna de esas hazañas, no lo dudes, *ve por eso.* Me encanta ver a la gente darlo todo). No, cuando hablo de "vivir creativamente", lo hago de manera más general. Hablo de vivir una vida que esté guiada por la curiosidad antes que por el miedo.

Uno de los ejemplos más bonitos de vida creativa que he visto en los últimos años me lo dio mi amiga Susan, que se puso a aprender patinaje artístico a los cuarenta años. Para ser exactos, ya sabía patinar. Había hecho patinaje artístico de competición siendo niña y siempre le había encantado, pero lo había dejado de adolescente, cuando comprendió que no tenía el talento suficiente para ser una campeona. (Ah, qué maravilla, la adolescencia, cuando los que tienen "talento" son apartados del rebaño, lo que significa cargar los sueños creativos de la sociedad sobre las frágiles espaldas de unos pocos escogidos mientras que todos los demás son condenados a llevar una existencia más ordinaria y sin fuentes de inspiración. Vaya sistema...).

Durante los veinticinco años siguientes, mi amiga Susan no patinó. ¿Para qué molestarte si no puedes ser la mejor? Entonces cumplió los cuarenta. Se sentía apática. Se sentía inquieta. Se sentía gris, apesadumbrada. Hizo un poco de introspección, como se hace a menudo cuando se cumplen años. Se preguntó cuándo había sido la última vez que se había sentido verdaderamente ligera, alegre y, sí, creativa. Con gran sorpresa, se dio cuenta de que llevaba décadas sin sentirse así. De hecho, la última vez que había experimentado tales sentimientos fue cuando todavía patinaba. Descubrió consternada que llevaba mucho tiempo privándose de esta actividad tan revitalizante y sintió curiosidad por comprobar si seguía gustándole tanto.

Así que decidió satisfacer su curiosidad. Se compró unos patines, encontró una pista de hielo y contrató a un preparador. Ignoró una voz interior que le decía que estaba siendo autocomplaciente y ridícula por emprender tamaña locura. Ignoró la extrema timidez que le producía ser la única mujer de mediana edad en la pista de hielo en medio de todas aquellas niñas de nueve años diminutas y etéreas.

Lo hizo y punto.

Tres días a la semana Susan se levantaba al amanecer y dedicaba esa hora somnolienta antes de que empezara su exigente jornada laboral a patinar. Patinó,

patinó y patinó. Y sí, le gustaba, tanto como antes. Más, incluso, porque ahora, de adulta, por fin tenía la perspectiva necesaria para apreciar el valor de su disfrute. Patinar la hacía sentir viva y sin edad. Dejó de sentirse una mera consumidora, una mera suma de sus obligaciones y deberes diarios. Estaba convirtiéndose en algo más a base de esfuerzo. A base de *su* esfuerzo.

Fue una revolución. En todo el sentido de la palabra, puesto que Susan resurgió a base de dar vueltas en una pista, una vuelta tras otra, una revolución tras otra...

Ojo, mi amiga no dejó su trabajo, no vendió su casa, no dejó de ver a sus amigos ni se marchó a Toronto a entrenar setenta horas a la semana con un preparador exigente de nivel olímpico. Y no, esta historia no termina con medallas en un campeonato. No hace falta. De hecho, la historia no termina de ninguna manera porque Susan *sigue* haciendo patinaje artístico varias mañanas a la semana, simplemente porque patinar sigue siendo su manera preferida de desplegar una belleza y una trascendencia determinadas en su vida a las que no puede acceder de ninguna otra forma. Y quiere pasar el mayor tiempo posible en ese estado de trascendencia mientras siga aquí, sobre la tierra.

Tal cual.

A eso es a lo que yo llamo vivir con creatividad.

Y aunque los caminos y consecuencias de llevar una vida creativa variarán muchísimo de una persona a otra, una cosa sí te garantizo: una vida creativa es una vida amplificada. Es una vida más grande, más feliz, más extensa y, te lo aseguro, mucho más interesante. Vivir de este modo —obstinándose siempre en desenterrar los tesoros que tenemos en nuestro interior— *es* un arte en sí mismo.

Porque en una vida creativa es donde reside la Magia con mayúsculas.

DA MUCHO MIEDO

Ahora vamos a hablar de valor.

Si ya te has atrevido a sacar los tesoros que hay en tu interior, fantástico. Probablemente estés haciendo cosas muy interesantes con tu vida y no necesites este libro. Dale duro.

Pero si no tienes el valor, voy a intentar infundirte un poco. Porque vivir de forma creativa es cosa de valientes. Todos lo sabemos. Y sabemos que cuando el valor desaparece, la creatividad también.

Sabemos que el miedo es un cementerio desolado donde nuestros sueños se agostan bajo un sol abrasador. Eso es *vox populi;* el problema es que en ocasiones no sabemos qué hacer al respecto.

Deja que te enumere algunas de las muchas maneras en que puede darte miedo llevar una vida más creativa:

> *Temes no tener talento.*
> *Temes que te rechacen, critiquen, ridiculicen, malinterpreten o, lo que es peor, te ignoren.*
> *Temes que no haya mercado para tu creatividad y, por tanto, no tenga sentido dedicarte a ella.*
> *Temes que lo que puedas hacer ya lo haya hecho alguien antes y mejor.*
> *Temes que todo el mundo lo haya hecho ya antes y mejor.*
> *Temes que alguien te robe las ideas, así que te parece más seguro mantenerlas escondidas.*
> *Temes que no te tomen en serio.*
> *Temes que tu trabajo no sea lo bastante importante política, emocional o artísticamente para cambiar la vida de nadie.*
> *Temes que tus sueños sean algo de lo que debas sentirte avergonzado.*

Temes que un día, al mirar atrás, tus empeños artísticos te parezcan una gigantesca pérdida de tiempo, dinero y esfuerzo.

Temes no tener la disciplina necesaria.

Temes no tener la disponibilidad laboral, la independencia financiera o las horas libres necesarias para centrarte en inventar o explorar.

Temes no tener la formación o la carrera necesarias.

Temes estar demasiado gordo (no sé si eso tiene algo que ver con la creatividad exactamente, pero la experiencia me ha enseñado que casi todos tenemos miedo de estar demasiado gordos, así que, por si acaso, vamos a incluirlo en la lista de temores).

Temes que te tomen por un intruso, un tonto, un diletante, un narcisista.

Temes contrariar a tu familia con lo que puedas revelarles.

Temes lo que puedan decir tus compañeros y colegas si expresas en voz alta tu verdad personal.

Temes dar rienda suelta a tus demonios interiores y no tienes ningún deseo de hacerles frente.

Temes haber dado ya lo mejor de ti.
Temes no tener nada que dar.
Temes haber desatendido tu creatividad duran-
te tanto tiempo que ya no puedas recuperarla.
Temes ser demasiado mayor para empezar.
Temes ser demasiado joven para empezar.
Temes que, puesto que ya te ha salido bien una
cosa en la vida, no pueda irte bien otra.
Temes que, puesto que nunca te ha salido nada
bien, ¿para qué molestarte?
Temes ser un inútil.

Escucha, no tengo todo el día, así que voy a dejar de enumerar temores. En cualquier caso, es una lista infinita, además de deprimente. Así que la voy a resumir así: MIEDO, MIEDO y MÁS MIEDO.

Qué miedo da todo, ¿no?

DEFENDER NUESTRA DEBILIDAD

Por favor, entiende que hablo del miedo de forma tan autoritaria porque lo conozco muy bien. Lo conozco de pies a cabeza, cada centímetro de él. Toda la vida he sido una persona asustada. Nací aterrorizada.

No exagero; que le pregunten a cualquier miembro de mi familia y confirmará que sí, que fui una niña excepcionalmente asustadiza. Mis recuerdos más tempranos son de miedo, como lo son también los recuerdos que siguen a los más tempranos.

A medida que me hacía mayor, me daban miedo no sólo los peligros infantiles comúnmente admitidos y legítimos (la oscuridad, los desconocidos, la parte de la piscina donde más cubría), sino también una extensa lista de cosas por completo benignas (la nieve, canguros encantadores, coches, parques infantiles, escaleras, *Plaza Sésamo,* el teléfono, los juegos de mesa, el supermercado, una brizna de hierba afilada, cualquier situación nueva, cualquier cosa que se atreviera a moverse, etcétera, etcétera, etcétera).

Era una criatura sensible y fácil de traumatizar que se echaba a llorar en cuanto se producía la más mínima perturbación en su campo de fuerza. Mi padre, exasperado, me llamaba "la princesa y el frijol". El verano que tenía ocho años fuimos a la costa de Delaware y el mar me inspiró tal terror que intenté que mis padres *impidieran a todas las personas que estaban en la playa ir adonde había olas* (me habría sentido mucho más cómoda si todo el mundo se hubiera quedado sentado en su toalla, leyendo tranquilamente, ¿era demasiado pedir?). De haber dependido de mí, habría pasado las vacaciones —no, mi infancia entera— dentro de casa acurrucada en el regazo de mi madre, de ser posible con un paño húmedo en la frente.

Esto que voy a decir es horrible, pero allá va: probablemente me habría encantado tener una de esas madres atroces con "síndrome de Munchausen por poderes" que se hubiera confabulado conmigo para simular que siempre estaba enferma, débil o agonizante. De haber tenido la oportunidad, habría cooperado encantada con esa clase de madre para crear una niña por completo indefensa.

Pero no tuve esa clase de madre.

Ni de lejos.

En lugar de ello me tocó una madre que no me pasaba ni una. No estaba dispuesta a tolerar ninguno de mis numeritos, algo que probablemente es lo mejor que me ha ocurrido en mi vida. Mi madre creció en una granja en Minnesota, estaba orgullosa de sus padres, curtidos inmigrantes escandinavos, y no concebía la labor de criar a su hija para que fuera una blandengue. Desde luego, no si podía impedirlo. Mi madre ideó un plan para darle la vuelta a mis miedos que era casi cómico, de tan sencillo. En cuanto tenía ocasión, me obligaba a hacer justo lo que más miedo me daba.

¿Te da miedo el mar? ¡Al agua inmediatamente!

¿Te asusta la nieve? ¡Coge la pala y ponte a trabajar!

¿Eres incapaz de contestar al teléfono? ¡Pues a partir de ahora cada vez que suene lo contestas tú!

No era una estrategia refinada, pero sí coherente. Créeme si te digo que intenté resistirme. Lloré, gimoteé e hice las cosas mal adrede. Me negué a mejorar. Me hacía la remolona, simulaba cojear, tiritar. Cualquier cosa con tal de demostrar que era un ser por completo endeble emocional y físicamente.

A lo que mi madre reaccionaba diciendo: "Pues no, no lo eres".

Pasé años resistiéndome a la fe inquebrantable de mi madre en mi fuerza y mis capacidades. Entonces, un día, en algún momento de la adolescencia, por fin me di cuenta de que estaba luchando una batalla un tanto extraña. Estaba defendiendo mi debilidad. ¿De verdad quería morir por una causa así?

Como se dice en estos casos: "Defiende tus limitaciones y las harás tuyas".

¿Por qué quería yo defender mis limitaciones?
Y resultó que no era lo que quería.
Tampoco quiero que lo hagas tú.

El miedo es aburrido

A lo largo de los años a menudo me he preguntado qué es lo que me llevó, en última instancia, a dejar de hacerme la "princesa y el frijol" casi de un día para otro. Sin duda, hubo muchos factores que influyeron en ese cambio (el factor madre implacable, el factor hacerse adulto…), pero creo que el principal fue éste: por fin me di cuenta de que el miedo es aburrido.

Y es que mis miedos habían resultado siempre aburridos para todo el mundo, pero hasta entrada mi adolescencia no empezaron a serlo para mí. Mis temores empezaron a aburrirme, creo, por la misma razón que la fama había terminado por aburrir a Jack Gilbert: *porque era lo mismo todos los días.*

A los quince años más o menos, no sé cómo llegué a la conclusión de que mis temores no tenían ni variedad ni profundidad ni base ni textura. Me di cuenta de que mi miedo no cambiaba, no me proporcionaba placer, nunca me brindaba un giro sorprendente o un final inesperado. Mi miedo era una canción de una sola nota —de una sola palabra, en realidad— y esa palabra era "¡PARA!" Mi miedo nunca tenía nada interesante o sutil que ofrecer aparte de esa palabra enfatizada, en reproducción continua y a todo volumen: "¡PARA, PARA, PARA, PARA!"

Lo que significa que mi miedo me hacía siempre tomar decisiones predeciblemente aburridas, como en un libro de esos cuyo final eliges y es siempre el mismo: *nada.*

También me di cuenta de que mi miedo era aburrido porque era idéntico al de todo el mundo. Supuse que la canción del miedo de todos tiene la misma letra soporífera: "¡PARA, PARA, PARA, PARA!" De acuerdo, el volumen puede variar de una persona a otra, pero la canción en sí no cambia, porque a todos los seres humanos nos equiparon con el mismo paquete de temores cuando estábamos aún formándonos en el útero materno. Y no solo a los seres humanos: si pasas la mano sobre una caja Petri en la que hay un renacuajo, éste se encogerá bajo tu sombra. Ese renacuajo no sabe escribir poesía, no sabe cantar, nunca conocerá el amor, los celos o el éxito y tiene un cerebro del tamaño de un signo de puntuación, pero sí sabe cómo tener miedo de lo desconocido.

Pues yo igual.

Yo y todos. Pero eso no tiene nada de interesante. ¿A que no? Me refiero a que *saber* tener miedo de lo desconocido no tiene especial *mérito*. En otras palabras, el miedo es un instinto muy antiguo, y vital desde el punto de vista evolutivo…, pero no especialmente inteligente.

Me pasé toda mi asustadiza juventud convencida de que mi miedo era lo más interesante de mí, cuando en realidad era lo más anodino. De hecho, es posible que mi miedo fuera lo único anodino de mi personalidad. Tenía una creatividad que resultaba original; tenía una personalidad original; tenía sueños, perspectivas y aspiraciones originales. En cambio, mi miedo no tenía nada de original. Mi miedo no era un objeto artesanal, precioso; no era más que un artículo producido en serie que se encuentra en los estantes de cualquier gran superficie.

¿Y sobre eso quería construir toda mi identidad?

¿Sobre mi instinto más aburrido?

¿Sobre el gesto defensivo reflejo de mi renacuajo interior?

No.

MIEDO QUE NECESITAS Y MIEDO QUE NO NECESITAS

Ahora igual piensas que te voy a decir que tienes que convertirte en una persona temeraria para poder llevar una vida más creativa. Pero no voy a decirte eso, porque resulta que no lo creo. La creatividad es un camino para valientes, sí, pero no para *temerarios,* y es importante conocer la diferencia.

Ser valiente significa hacer algo que da miedo.

Ser temerario significa no entender siquiera lo que significa la palabra *miedo.*

Si tu objetivo en la vida es ser temerario, entonces creo que te has equivocado de camino, porque las únicas personas verdaderamente temerarias que he conocido eran sociópatas, así, tal cual, y unos cuantos niños de tres años excepcionalmente descerebrados…, y ésos no son buenos modelos para nadie.

La cierto es que necesitamos el miedo por razones obvias de supervivencia básica. La evolución hizo bien en instalar el reflejo del miedo en nuestro interior, porque, si no lo tuviéramos, nuestras vidas serían breves y absurdas. Nos echaríamos encima de los coches. Nos internaríamos en el bosque y nos comería un oso. Nos zambulliríamos entre olas gigantes en la costa de Hawái a pesar de no saber nadar bien. Nos casaríamos con un tipo que en la primera cita nos dijera: "No creo que las personas estén diseñadas por naturaleza para ser monógamas".

De manera que sí, necesitas ese miedo para que te proteja de peligros reales como los que he enumerado arriba.

Pero no lo necesitas en tu esfera de expresión creativa.

De verdad que no.

Que no *necesites* tener miedo cuando de creatividad se trata no significa que este no vaya a aparecer. Créeme, tu miedo siempre hará acto de presencia, sobre todo cuando estés tratando de ser inventivo o innovador. El miedo siempre lo desencadenará tu creatividad, porque tu creatividad te exige entrar en esferas de resultados impredecibles, y el miedo odia los resultados impredecibles. Tu miedo —programado por la evolución para ser hipervigilante y superprotector hasta extremos ridículos— siempre dará por hecho que un resultado impredecible pasa por una muerte sangrienta y atroz. Más o menos, tu miedo viene a ser como un vigilante de seguridad de un centro comercial que se cree un marine: lleva días sin dormir, está hasta arriba de Red Bull y corre el riesgo de disparar a su propia sombra en un intento absurdo por mantener a todo el mundo "a salvo".

Eso es algo por completo natural y humano.

Nada de lo que avergonzarse.

Sin embargo, hay que enfrentarse a ello, y pronto.

EL VIAJE

Así es como he aprendido a enfrentarme a mis miedos: hace tiempo tomé la decisión de que si quiero creatividad en mi vida —y así es—, entonces tendré que hacer sitio también para el miedo.

Mucho sitio.

Decidí que tenía que construirme una vida interior lo bastante amplia para que mi miedo y mi creatividad pudieran convivir en paz, puesto que todo apuntaba a que siempre irían acompañados el uno del otro. Es más, tengo la impresión de que mi miedo y mi creatividad son poco menos que hermanos siameses, algo que demuestra el hecho de que la creatividad no puede dar un solo paso sin que el miedo la acompañe. El miedo y la creatividad compartieron un útero, nacieron al mismo tiempo y siguen compartiendo algunos órganos vitales. Por eso debemos tener cuidado a la hora de abordar el miedo, porque me he fijado en que algunas personas, cuando intentan atajar sus temores, a menudo terminan asesinando su creatividad.

Así que no intento eliminar mi miedo. No le declaro la guerra. En lugar de ello le dejo espacio. Mucho. Todos los días. Lo estoy haciendo en este momento. Le permito a mi miedo que viva, respire y estire las piernas y se ponga cómodo. Creo que cuanto menos luche contra mi miedo, menos me atacará. Si consigo relajarme, mi miedo también lo hará. De hecho, lo invito amablemente a que me acompañe a todas partes. Incluso le tengo preparado un discurso de bienvenida, que pronuncio justo antes de embarcarme en un proyecto o una aventura nuevas.

Dice más o menos esto:

Estimado Miedo:
Creatividad y yo estamos a punto de emprender un viaje juntas. Entiendo que nos vas a acompañar, porque siempre lo haces. Reconozco que crees que tienes una misión importante en mi vida y que te tomas tu trabajo en serio. Al parecer, tu trabajo consiste en provocarme el mayor pánico posible cada vez que me dispongo

a hacer algo interesante y, permíteme que te lo diga, lo haces *de maravilla.* Pero en este viaje yo también tengo la intención de hacer mi trabajo, que es emplearme a fondo y no perder de vista mi objetivo. También Creatividad hará el suyo, que es seguir siendo estimulante e inspiradora. En el coche hay sitio de sobra para los tres, así que adelante, ponte cómodo, pero que te quede clara una cosa: *Creatividad y yo somos las únicas que tomaremos decisiones.* Admito y respeto que eres parte de esta familia, así que no te excluiré de ninguna actividad, pero, aun así, tus sugerencias nunca serán escuchadas. Tienes sitio, tienes voz, pero no tienes voto. No puedes tocar los mapas de carreteras; no se te permite sugerir desvíos en el itinerario; no se te permite subir o bajar la calefacción. O sea, ni siquiera puedes tocar la radio. Pero sobre todo, mi viejo y querido amigo, tienes absolutamente prohibido conducir.

A continuación nos ponemos en camino, la creatividad, el miedo y yo, juntos para siempre, y nos adentramos aún más en el terreno aterrador pero maravilloso de los resultados inesperados.

Por qué merece la pena

No siempre resulta cómodo ni fácil —me refiero a llevar tus miedos a cuestas en un viaje grande y ambicioso—, pero siempre merece la pena, porque si no aprendes a estar cómodo con tu miedo, entonces nunca podrás ir a ningún sitio interesante ni hacer nada interesante.

Y eso sería una lástima, porque tu vida es corta y única e increíble y un milagro, y te conviene hacer cosas de verdad interesantes y hacerlas mientras estás aquí. Sé que es lo que quieres para ti, porque es lo quiero para mí.

Es lo que queremos todos.

Tienes tesoros ocultos en tu interior —tesoros extraordinarios—, lo mismo que yo y que todos los que nos rodean. Sacarlos requiere esfuerzo, fe, concentración, valor y horas de dedicación, y el reloj sigue avanzando, el mundo gira y lo cierto es que tenemos que empezar a pensar en grande.

2
Encantamiento

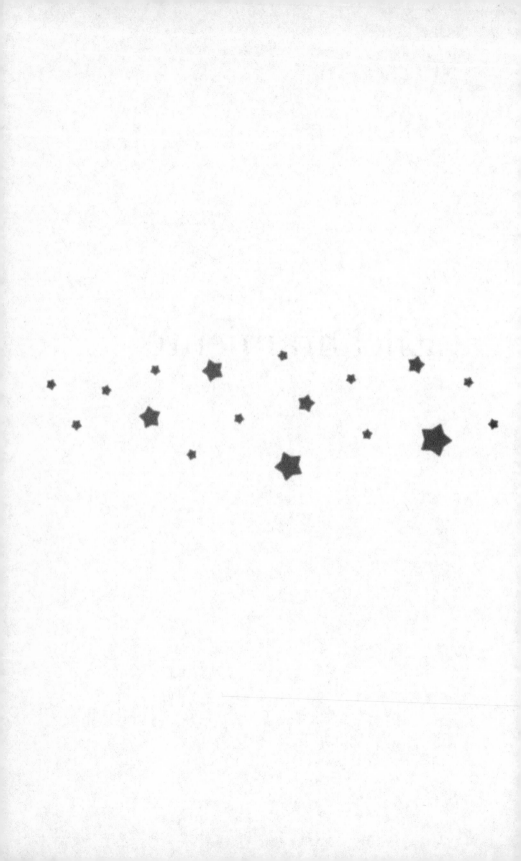

LLEGA UNA IDEA

Ahora que hemos terminado de hablar de miedo, ya podemos empezar a hablar de magia.

Déjame empezar contándote lo más mágico que me ha ocurrido en toda mi vida.

Tiene que ver con un libro que no conseguí escribir.

Mi historia empieza con la primavera de 2006. Acababa de publicar *Come, reza, ama* y estaba intentando decidir qué hacer a continuación, creativamente hablando. Mi instinto me decía que era el momento de volver a mis raíces literarias y escribir ficción, algo que llevaba años sin hacer. De hecho, llevaba tanto tiempo sin escribir una novela que temía haber olvidado cómo se hacía. Me daba miedo que la ficción se hubiera convertido en un lenguaje que yo ya no fuera capaz de hablar. Pero ahora tenía una idea para una novela, una idea que me hacía muchísima ilusión. Estaba basada en una historia que mi pareja, Felipe, me contó una noche sobre algo ocurrido en Brasil durante su juventud, en la década de 1960. Al parecer, el gobierno brasileño decidió que quería construir una autopista gigante que atravesara la selva del Amazonas. Fue en una época de desarrollo y modernización galopantes y, en el momento, el plan debió de parecer de lo más avanzado. Los brasileños invirtieron una fortuna en ese proyecto tan ambicioso. La comunidad internacional de inversión en desarrollo contribuyó con muchos más millones. Una parte escandalosa de estos millones desapareció enseguida en un agujero negro de corrupción y desorganización, pero con el tiempo llegó un flujo de dinero a los sitios adecuados y el proyecto de autopista se puso en marcha. Durante unos meses, todo fue bien. Se hicieron progresos. Se terminó un tramo breve de carretera. La selva estaba siendo conquistada.

Entonces empezó a llover.

Parece que ninguno de los artífices del proyecto había comprendido de verdad lo que es la temporada de lluvias en el Amazonas. Las obras se inundaron de inmediato y se volvieron intransitables. Los trabajadores no tuvieron otra opción que marcharse dejando el material cubierto por varios metros de agua. Y cuando volvieron, muchos meses después, una vez que cesaron las lluvias, descubrieron con horror que la selva casi había devorado el proyecto de autopista. La naturaleza había borrado su trabajo, era como si la carretera nunca hubiera existido. Ni siquiera se veía dónde habían estado trabajando. Tampoco estaba la maquinaria pesada. No la habían robado; simplemente había sido *engullida*. Tal y como lo explicaba Felipe: "Trascabos con neumáticos del tamaño de un hombre habían sido tragados por la tierra y desaparecido para siempre. No quedaba nada".

Cuando me contó esta historia —sobre todo la parte en que la selva se tragaba las máquinas—, me entraron escalofríos. Durante un instante se me erizó el vello de la nuca y tuve náuseas, me sentí mareada. Fue como si me estuviera enamorando, o acabara de oír una noticia alarmante, o estuviera al borde de un precipicio observando algo hermoso y fascinante, pero peligroso.

Había tenido esos síntomas antes, así que supe enseguida de qué se trataba. Una reacción emocional y psicológica tan intensa no es algo que experimente a menudo, pero sí lo suficiente (y coincide con los síntomas descritos por personas de todo el mundo y a lo largo de la historia) como para poderlo llamar, sin temor a equivocarme, por su nombre: inspiración.

Así es como se siente uno cuando le llega una idea.

Cómo funcionan las ideas

Llegados a este punto, debería explicar que me he pasado toda la vida dedicada a la creatividad y por el camino he desarrollado una serie de creencias sobre cómo funciona —y sobre cómo trabajar con ella— basadas, por completo y sin lugar a dudas, en el pensamiento mágico. Y cuando hablo de magia me refiero a algo sobrenatural, surreal, divino, trascendente, de otro mundo. Porque lo cierto es que estoy convencida de que la creatividad es una fuerza mágica, de origen no enteramente humano.

Soy consciente de que esta no es una forma de ver las cosas demasiado moderna ni racional. Desde luego no es nada científica. Hace poco oí decir a un neurólogo muy respetado en una entrevista: "El proceso creativo puede parecer mágico, pero no lo es".

Con todos mis respetos, no estoy de acuerdo.

Creo que el proceso creativo es mágico *y también* magia.

Porque así es como yo creo que funciona la creatividad:

Creo que nuestro planeta está habitado no solo por animales, plantas, bacterias y virus, sino también por *ideas.* Las ideas son una forma de vida incorpórea, energética. Son algo completamente independiente de nosotros, pero capaz de interactuar con nosotros, si bien de maneras extrañas. Las ideas no tienen forma material, pero sí consciencia. Y desde luego tienen voluntad. A las ideas las mueve un único impulso: manifestarse. Y la única manera en que puede manifestarse una idea es mediante la colaboración con un socio humano. Hace falta un esfuerzo humano para que una idea salga del éter y entre en la esfera de lo real.

Por tanto, las ideas se pasan la eternidad girando a nuestro alrededor, buscando socios disponibles y dispuestos (hablo de ideas de todo tipo: artísticas, científicas, industriales, comerciales, éticas, religiosas, políticas). Cuando una idea cree que ha encontrado a alguien —por ejemplo, a ti— capaz de traerla al mundo, te visitará. Tratará de llamar tu atención. La mayoría de las veces no te darás cuenta. Esto se deberá probablemente a que estás demasiado absorto en tus problemas, angustias, preocupaciones, inseguridades y obligaciones para mostrarte receptivo a la inspiración. Puede que la señal te pase inadvertida porque estás viendo la televisión, o comprando, o regodeándote en tus fracasos y errores, o simplemente ocupado. La idea intentará que le hagas caso (durante unos instantes quizá, tal vez meses, o incluso varios años), pero cuando se dé cuenta de que ignoras su mensaje, se irá en busca de otra persona.

Pero en ocasiones —muy pocas, aunque maravillosas— estarás lo bastante receptivo y relajado para que te llegue algo. Es posible que tus defensas bajen, que tus miedos se apacigüen, y entonces la magia pueda entrar. La idea, al detectar tu receptividad, empezará a actuar. Te enviará las señales universales de inspiración tanto físicas como emocionales (los escalofríos en los brazos, el vello erizado de la nuca, el cosquilleo en el estómago, los pensamientos confusos, esa sensación de estar enamorándote u obsesionándote). La idea hará que se crucen en tu camino coincidencias y presagios para mantener vivo tu interés. Empezarás a percibir todo tipo de señales que te orientan hacia la idea. Todo lo que veas y toques te la recordará. La idea te despertará en plena noche y te distraerá de tu rutina diaria. La idea no te dejará tranquilo hasta que no tenga toda tu atención.

Y entonces, en un momento de tranquilidad, te preguntará: "¿Quieres trabajar conmigo?"

Llegado este punto, puedes contestar dos cosas.

QUÉ OCURRE CUANDO DICES NO

La respuesta más sencilla, por supuesto, es decir no.

Entonces estás libre. La idea terminará por irse y, felicidades, ya no tienes que molestarte en crear nada.

Que quede claro, no es una elección en absoluto deshonrosa. Es cierto, a veces rechazamos la invitación de la inspiración por pereza, vértigo, inseguridad o petulancia. Pero en otras ocasiones tal vez tengas que decir que no a una idea porque de verdad no es el momento adecuado o porque estás convencido de que esta idea en concreto ha llamado a la puerta equivocada.

A mí me han abordado muchas veces ideas que no eran idóneas para mí y les he dicho con gran educación: "Tu visita me honra, pero no soy tu chica. Si me lo permites, te sugiero que hables con, por ejemplo, Barbara Kingsolver" (siempre uso mis mejores modales cuando rechazo una idea; no me interesa que se corra la voz por el universo de que soy una persona de trato difícil). Sea cual sea tu respuesta, sé comprensivo con la pobre idea. Recuerda, lo único que quiere es hacerse realidad. Lo hace lo mejor que puede. Tiene que llamar a todas las puertas posibles. En serio.

Así que puede que tengas que decir no.

Cuando dices no, no pasa nada.

Habitualmente, la gente dice no.

Durante la mayor parte de sus vidas y día tras día, la gente dice no, no, no, no.

Aunque puede llegar un día en que digas sí.

QUÉ OCURRE CUANDO DICES SÍ

Cuando dices que sí a una idea, es la hora de la verdad.

Ahora tu trabajo se vuelve al mismo tiempo sencillo y difícil. Has suscrito un contrato oficial con la inspiración y debes procurar cumplirlo hasta el final, independientemente de sus impredecibles resultados.

Los términos del contrato los decides tú. En la civilización europea contemporánea, el contrato creativo más común sigue siendo, al parecer, uno que implique sufrir. Es un contrato que dice: "Me destruiré a mí mismo y a todos los que me rodean con tal de sacar adelante mi inspiración, y mi martirio será el emblema de mi legitimidad creativa".

Si decides suscribir un contrato de sufrimiento creativo, debes intentar identificarte al máximo con el estereotipo de "Artista Atormentado". No te faltarán modelos. Para seguir su ejemplo, respeta estas reglas fundamentales: bebe todo lo que puedas; echa a perder todas tus relaciones; lucha con vehemencia contra ti mismo de forma que salgas ensangrentado de cada combate; declárate siempre insatisfecho con tu trabajo; compite celosamente con tus colegas; envidia el éxito ajeno; proclámate maldito (no bendecido) por tu talento; vincula tu autoestima a recompensas externas; sé arrogante cuando triunfes y compadécete de ti mismo cuando fracases; elige la oscuridad frente a la luz; muere joven; culpa a la creatividad de tu muerte.

¿Funciona este método?

Sí, claro. Funciona fenomenal. Hasta que te mata.

Así que puedes ponerlo en práctica si de verdad quieres (¡por favor, no permitas que ni yo ni nadie te quite su sufrimiento si de verdad te importa!) Pero no estoy segura de que sea el camino más productivo, ni de que vaya a proporcionarte satisfacción o paz duraderas a ti y a tus seres queridos. Admito que este método de vivir creativamente puede ser muy glamuroso, y el tema de una película biográfica cuando te hayas muerto, así que si prefieres una vida corta de glamur trágico a una larga y llena de satisfacción (y muchas personas lo hacen), *adelante, no te detengas.*

Siempre he tenido la sensación, sin embargo, de que mientras el Artista Atormentado se entrega a sus rabietas, su musa está sentada tranquilamente en un rincón del estudio puliéndose las uñas, esperando pacientemente a que se le pase el berrinche y se tranquilice para poder ponerse de nuevo a trabajar.

Porque, a fin de cuentas, aquí estamos hablando de trabajar, ¿no? ¿O es que no se trata de eso?

Y tal vez haya otra manera de abordar el tema.

¿Puedo hacer una sugerencia?

Una manera diferente

Una manera diferente es colaborar al máximo, con humildad y alegría, con la inspiración.

Así es como yo creo que han abordado las personas la creatividad durante gran parte de la historia, antes de que todos decidiéramos ponernos en plan *La Bohème*. Puedes recibir las ideas con respeto y curiosidad, en lugar de con aspavientos o terror. Puedes despejar los obstáculos que te impidan vivir tu vida de la manera más creativa posible simplemente comprendiendo que es probable que lo que es malo para ti lo sea también para tu trabajo. Puedes dejar de beber tanto para tener la mente más despejada. Puedes fomentar relaciones más sanas para que las catástrofes emocionales que tú mismo te inventas no te quiten tanto tiempo. Puedes atreverte a sentirte complacido algunas veces con lo que has creado (y si un proyecto no sale, siempre puedes verlo como un experimento constructivo y que ha valido la pena). Puedes resistirte al influjo de la presunción, la culpa y la vergüenza. Puedes apoyar los esfuerzos creativos de otras personas y aceptar el hecho de que hay espacio de sobra para todos. Puedes medir tu valía por tu grado de dedicación y no por los éxitos o los fracasos.

Puedes luchar contra tus demonios (recurriendo a la terapia, la rehabilitación, la oración o la humildad) en lugar de contra tu talento (te ayudará darte cuenta de que, en cualquier caso, tus demonios no eran los que hacían el trabajo). Puedes creer que no eres ni esclavo ni amo de la inspiración, sino algo mucho más interesante, su socio, y que los dos trabajan juntos para conseguir algo fascinante y útil a la vez. Puedes vivir una vida larga en la que además siempre estés haciendo cosas interesantes. Es posible que consigas ganarte la vida haciendo lo que te interesa y es posible que no, pero estarás conmigo en que no se trata de eso. Y al final de tus días podrás dar las gracias a la creatividad por haberte bendecido con una existencia venturosa, interesante, apasionada.

Esa es otra manera de hacerlo.

Tú decides.

CRECE UNA IDEA

Volviendo a la historia de mi magia.

Gracias a lo que me contó Felipe sobre el Amazonas, me había visitado una gran idea, a saber: que debía escribir una novela sobre Brasil en la década de

1960. Más específicamente, tuve la inspiración de escribir una novela sobre los esfuerzos por construir aquella funesta autopista a través de la selva.

La idea me parecía épica y emocionante. También era abrumadora —¿qué demonios sabía yo del Amazonas brasileño o de la construcción de carreteras en la década de 1960?—, pero todas las buenas ideas parecen abrumadoras al principio, así que procedí. Acepté llegar a un trato con la idea. Trabajaríamos juntas. Nos dimos un apretón de manos, por así decirlo. Le prometí que nunca lucharía contra ella y nunca la abandonaría, sino que cooperaría al máximo hasta que nuestro trabajo conjunto estuviera terminado.

A continuación hice lo que se hace cuando te tomas un proyecto o un interés en serio: buscarle espacio. Limpié mi mesa, literal y figuradamente. Me comprometí a dedicar varias horas cada mañana a documentarme. Me obligué a acostarme temprano para poder levantarme de madrugada y prepararme para trabajar. Rechacé distracciones tentadoras y compromisos sociales para concentrarme en mi tarea. Encargué libros sobre Brasil y llamé a expertos. Empecé a estudiar portugués. Compré fichas —mi soporte preferido para tomar notas— y me permití empezar a soñar con ese mundo nuevo. Entonces a ese espacio creado empezaron a llegar más ideas y los contornos de mi historia comenzaron a cobrar forma.

Decidí que la protagonista de mi novela sería una mujer estadounidense de mediana edad llamada Evelyn. Estamos a finales de la década de 1960 —un momento de gran inestabilidad política y cultural—, pero Evelyn lleva una vida tranquila, como siempre ha hecho, en el corazón de Minnesota. Es una solterona que ha pasado veinticinco años siendo una competente secretaria ejecutiva en una importante empresa de construcción de infraestructuras. Durante todo ese tiempo ha estado silenciosa y profundamente enamorada de su jefe, un hombre casado, amable y trabajador que sólo la ve como una ayudante eficaz. El jefe tiene un hijo, un tipo turbio, con muchas ambiciones. El hijo se entera de la existencia de este gran proyecto de construcción de una autopista en Brasil y engatusa a su padre para que se presente a concurso. Utiliza su encanto y su poder de convicción para convencerlo de que invierta la fortuna familiar en la empresa. Al poco tiempo, el hijo viaja a Brasil con gran cantidad de dinero y descabellados sueños de gloria. Pronto desaparecen tanto el hijo como el dinero. Despojado de todo, el padre envía a Evelyn, su embajadora de confianza, al Amazonas para que intente recuperar al joven y el dinero perdidos. Empujada por su sentido del deber y por el amor, Evelyn viaja a Brasil. Llegado este punto, su vida ordenada y anodina se desbarata y entra en un mundo de caos, mentiras y violencia. Siguen situaciones dramáticas y revelaciones. También hay una historia de amor.

Decidí que la novela se titularía *Evelyn del Amazonas*.

Redacté una propuesta de libro y la mandé a mis editores. Les gustó y me la compraron. Entonces suscribí un segundo contrato con la idea, esta vez de carácter formal, con escritura ante notario, plazos de entrega y todo lo demás. Ya estaba comprometida del todo. Me puse a trabajar en serio.

Una idea que se desvía

Unos pocos meses después, sin embargo, un drama real me desvió de mi trabajo en un drama ficticio. En el transcurso de un viaje rutinario, mi pareja, Felipe, fue detenido en la frontera y se le negó el permiso de entrada en Estados Unidos. No había hecho nada malo, pero el Departamento de Seguridad Nacional lo metió en la cárcel igualmente y a continuación lo expulsó del país. Nos informaron de que Felipe no podría volver a Estados Unidos a no ser que nos casáramos. Más aún, si yo quería estar con mi amor durante aquel periodo estresante e indefinido de exilio, tendría que empaquetar toda mi vida de inmediato y reunirme con él en ultramar. Enseguida lo hice y pasé con él casi un año en el extranjero mientras solucionábamos nuestra situación y arreglábamos los papeles de inmigración.

Un trastorno de estas proporciones no es el entorno ideal para dedicarse a escribir una novela extensa y exhaustivamente documentada sobre el Amazonas brasileño en la década de 1960. Así que tuve que abandonar a Evelyn con promesas sinceras de volver a ella más adelante, en cuanto mi vida recuperara la estabilidad. Guardé todas mis notas para la novela junto con el resto de mis pertenencias y volé a la otra punta del mundo para estar con Felipe y solucionar el lío en que estábamos metidos. Y como siempre necesito estar escribiendo sobre algo o de lo contrario me volvería loca, decidí escribir sobre eso, es decir, hacer la crónica de lo que sucedía en mi vida real como una manera de entender sus complejidades y revelaciones (tal y como dijo Joan

Didion, "no sé lo que pienso hasta que me pongo a escribir sobre ello").

Con el tiempo, esta experiencia se convirtió en mi libro autobiográfico *Comprometida*.

Quiero dejar claro que no me arrepiento de haber escrito *Comprometida*. Siempre estaré agradecida a ese libro porque el proceso de escribirlo me ayudó con la profunda ansiedad que me producía mi inminente boda. Pero ese libro requirió mi atención durante bastante tiempo y, para cuando estuvo terminado, habían transcurrido más de dos años. Más de dos años que no había dedicado a trabajar en *Evelyn del Amazonas*.

Es mucho tiempo para dejar un libro desatendido.

Estaba deseando volver a él. Así que una vez que Felipe y yo estuvimos casados y de vuelta en Estados Unidos, y una vez que estuvo terminado *Comprometida*, recuperé todas las notas que había guardado y me senté a la mesa nueva de mi casa nueva, dispuesta a reencontrarme con mi novela sobre la selva del Amazonas.

Y enseguida hice un descubrimiento de lo más doloroso.

Mi novela se había ido.

UNA IDEA QUE SE VA

Déjame que te explique.

No estoy diciendo que alguien me robara mis notas ni que hubiera desaparecido el archivo principal de mi computadora. Lo que quiero decir es que el corazón de mi novela había desaparecido. El impulso consciente que habita todos los emprendimientos artísticos vibrantes se había esfumado, podría decirse que había sido engullido, como los trascabos en la selva. Sí, la documentación y lo que había escrito dos años antes seguía allí, pero enseguida supe que no era más que el cascarón vacío de lo que en otro tiempo había sido una criatura cálida y palpitante.

Soy bastante terca con mis proyectos, así que estuve varios meses retomándolo, intentando que funcionara otra vez, confiando en devolverlo a la vida. Pero fue inútil. Cuanto más lo tocaba, más deprisa se desintegraba y convertía en polvo.

Pensé que entendía lo que pasaba, porque ya había visto algo así antes. La idea se había cansado de esperar y me había abandonado. No podía culparla, en realidad. Después de todo, yo había incumplido nuestro contrato. Había prometido dedicarme por completo a *Evelyn del Amazonas* y a continuación había faltado a mi palabra. Había estado más de dos años sin prestar atención alguna al libro. ¿Qué se suponía que iba a hacer la idea? ¿Esperar indefinidamente mientras yo la ignoraba? Quizá. En ocasiones lo hacen. Hay ideas excepcionalmente pacientes capaces de esperar años, décadas incluso, a que les prestes atención. Pero otras no, porque cada idea tiene su propia naturaleza. ¿Tú esperarías dos años en una caja mientras tu socio pasa de ti? Seguramente no.

Así que la idea desatendida hizo lo que muchas entidades con autoestima harían en esas circunstancias. Se largó.

Normal, ¿no?

Porque esa es la otra parte de firmar un contrato con la creatividad. Si la inspiración puede llegarte de forma inesperada, puede abandonarte de la misma manera.

De haber sido yo más joven, la pérdida de *Evelyn del Amazonas* podría haberme descolocado, pero a aquellas alturas de mi vida llevaba el tiempo suficiente en el juego de la imaginación para dejarla ir sin oponer demasiada resistencia. Podría haber llorado la pérdida, pero no lo hice, porque entendía los términos del acuerdo y los aceptaba. Comprendí que a lo máximo que se puede aspirar es a dejar marchar a tu idea y atrapar la *siguiente* que se presente. Y para que eso suceda, lo mejor es pasar página enseguida, con humildad y elegancia. Que no te dé el bajón por la idea que se ha ido. No te fustigues. No clames a los dioses del cielo. Esas cosas no harán más que distraerte, y lo último que necesitas son distracciones. Haz duelo si es preciso, pero que sea breve. Mejor decir adiós a la idea perdida con dignidad y seguir adelante. Busca otra cosa en la que trabajar —la que sea, lo antes posible— y dedícate a eso. Mantente ocupado.

Sobre todo, estate preparado. Mantén los ojos abiertos. Haz preguntas. Husmea por ahí. Escucha. Haz caso a tu curiosidad. Confía en esa verdad milagrosa de que todos los días hay ideas nuevas y maravillosas buscando colaboración humana. Ideas de toda clase vienen a nuestro encuentro sin parar, nos atraviesan sin parar, tratan sin parar de llamar nuestra atención.

Hazles saber que estás disponible.

Y, por lo que más quieras, intenta no dejar pasar la siguiente.

HECHICERÍA

Este debería ser el final de la historia sobre la selva del Amazonas. Pero no lo es.

Más o menos en la época en que la idea para mi novela se fue —para entonces estábamos en 2008— hice una nueva amiga, Ann Patchett, la famosa novelista. Nos conocimos una tarde en Nueva York en una mesa redonda sobre bibliotecas.

Sí, has leído bien, una mesa redonda sobre bibliotecas.

La vida de un escritor es un glamur continuo.

Enseguida sentí curiosidad por Ann, no sólo porque siempre he admirado su obra, también porque en persona es una presencia bastante notable. Ann tiene una habilidad asombrosa para volverse muy pequeña —casi invisible— con el fin de observar mejor el mundo que la rodea, refugiada en su anonimato, de manera que pueda escribir sobre él pasando desapercibida. En otras palabras, su superpoder consiste en ocultar sus superpoderes.

Probablemente no es de extrañar, por eso, que cuando la conocí no me diera cuenta enseguida de que era la famosa autora. Parecía tan modesta, diminuta y joven que pensé que era la asistente de alguien, quizá incluso la asistente de la asistente de alguien. Entonces caí en la cuenta. Pensé: "¡Madre mía, qué poquita cosa!"

Pero me equivocaba.

Una hora después Ann Patchett se acercó al atril y dio uno de los discursos más vigorosos y deslumbrantes que he oído en mi vida. Nos conmocionó al público y a mí. En ese momento me di cuenta de que es una mujer bastante alta. Y fantástica. Y apasionada. Y brillante. Era como si se hubiera quitado la capa de la invisibilidad y de debajo hubiera salido una auténtica diosa.

Me quedé hipnotizada. Nunca había asistido a una transformación de presencia como aquella, tan de un momento para otro. Y como no sé reprimirme, corrí hasta ella terminado el acto y la cogí del brazo, deseosa de atrapar a aquella asombrosa criatura antes de que se volviera invisible otra vez.

—Ann, ya sé que acabamos de conocernos, pero tengo que decírtelo: ¡eres extraordinaria y me encantas! —le dije.

Veamos, Ann es una mujer que sí sabe reprimirse. Me miró con algo de recelo, cosa comprensible. Parecía estar decidiendo algo respecto a mí. Durante un momento no estuve segura de qué iba a pasar. Pero a continuación hizo algo maravilloso. Me cogió la cara con las dos manos y *me dio un beso*. A continuación dijo:

—Y a mí me encantas tú, Liz Gilbert.

En ese instante nació una amistad.

Una amistad algo atípica, sin embargo. Ann y yo no vivimos precisamente cerca (yo estoy en Nueva Jersey; ella en Tennessee), así que no podíamos quedar a comer una vez a la semana. A ninguna de las dos nos vuelve locas hablar por teléfono tampoco. Y las redes sociales no eran el lugar indicado para que una relación así prosperara. Así que decidimos conocernos mutuamente mediante el casi desaparecido arte de escribir cartas.

Siguiendo una costumbre que mantenemos hasta hoy, Ann y yo empezamos a escribirnos cartas extensas y serias una vez al mes. Cartas de verdad, en papel de verdad, con sobres, timbres y todo lo demás. Es una manera bastante anticuada de ser amigo de alguien, pero las dos somos personas anticuadas. Escribimos sobre nuestros matrimonios, nuestras familias, nuestras amistades, nuestras decepciones. Pero sobre todo escribimos sobre *escritura*.

Que es la razón por la que, en otoño de 2008, Ann mencionó por casualidad en una carta que acababa de empezar a trabajar en una novela nueva, y que trataba de la selva del Amazonas.

Por razones evidentes, aquello me interesó.

En mi contestación le pregunté a Ann de qué trataba su novela concretamente. Le expliqué que yo también había estado trabajando en una novela sobre la selva del Amazonas, pero que se me había escapado porque la había desatendido (una situación que sabía que ella entendería). En su siguiente carta, Ann contestó que era demasiado pronto para saber de qué trataría exactamente su novela de la selva. Estaba en una fase temprana. La historia acababa de empezar a tomar forma. Me mantendría informada de su evolución.

El febrero siguiente Ann y yo nos vimos en persona por segunda vez en nuestras vidas. Teníamos que intervenir juntas en un acto en Portland, Oregón. La mañana de nuestra intervención desayunamos en el hotel. Ann me contó que estaba inmersa en la escritura de su libro, llevaba ya más de cien páginas.

—Vale, pues ahora ya tienes que contarme de qué trata tu novela del Amazonas. Me muero de curiosidad —le dije.

—Tú primero —me pidió—, puesto que tu libro es anterior. Cuéntame de qué trataba tu novela del Amazonas, la que se te escapó.

Traté de resumir mi exnovela lo más concisamente que pude. Dije:

—Era sobre una solterona de mediana edad de Minnesota que lleva muchos años enamorada en secreto de su jefe, un hombre casado. Acaba envuelta en una empresa descabellada en el Amazonas. Han desaparecido dinero y una persona, y la envían a resolver la situación, con lo que su vida sin sobresaltos se convierte en un caos. También es una historia de amor.

Ann me miró durante un minuto largo.

Antes de seguir, debo explicar que, a diferencia sin duda de mí, Ann Patchett es una auténtica dama. No tiene nada de ordinario ni de vulgar, por lo que cuando por fin habló, lo que dijo resultó especialmente extraño:

—Es una pinche broma, ¿verdad?

—¿Por qué? —pregunté—. ¿De qué trata tu novela?

—De una solterona de Minnesota que lleva muchos años enamorada en secreto de su jefe, un hombre casado. Acaba envuelta en una empresa descabellada en el Amazonas. Han desaparecido dinero y una persona, y la envían a resolver la situación, con lo que su vida sin sobresaltos se convierte en un caos. También es una historia de amor —contestó.

Pero ¿qué demonios?

A ver, señores, ¡que no estamos hablando de un género literario!

La trama no es un misterioso asesinato en Escandinavia o un romance de vampiros. Es un argumento de lo más específico. Uno no puede entrar en una librería y preguntar al dependiente por la sección de libros sobre solteronas de mediana edad en Minnesota enamoradas de sus jefes casados que las envían a la selva amazónica a buscar a personas desaparecidas y salvar proyectos fracasados.

¡Porque eso no existe!

De acuerdo, cuando repasamos los detalles, había algunas diferencias. Mi novela se desarrollaba en la década de 1960, mientras que la de Ann era contemporánea. Mi libro había tratado sobre el negocio de construcción de autopistas; la suya, sobre la industria farmacéutica. Pero, aparte de eso, eran el mismo libro.

Como podrás imaginar, a Ann y a mí nos llevó un tiempo recuperarnos de semejante descubrimiento. A continuación, igual que una mujer embarazada ávida de recordar el momento exacto de la concepción, contamos hacia atrás con los dedos en un intento por determinar cuándo había perdido yo la idea y cuándo la había encontrado ella.

Resultó que las dos cosas habían pasado más o menos por la misma época.

De hecho, pensamos que la idea fue oficialmente transmitida el día que nos conocimos.

Es más, pensamos que la intercambiamos con el beso que nos dimos.

Y eso, amigo mío, se llama Gran Magia.

UN POCO DE PERSPECTIVA

Y ahora, antes de que nos pongamos demasiado nerviosos, quiero detenerme un momento y pedirte que pienses en todas las conclusiones negativas que podía haber sacado yo de este episodio de haber tenido ganas de amargarme la vida.

La conclusión peor y más destructiva que podría haber extraído es que Ann Patchett me había robado la idea. Eso habría sido absurdo, claro, porque ni siquiera había oído hablar de ella, y además es el ser humano más íntegro que he tenido ocasión de conocer. Pero las personas sacan esta clase de conclusiones odiosas continuamente. Se convencen de que les han robado cuando, de hecho, nadie les ha robado nada. Esta manera de pensar es resultado de una inexplicable adhesión al concepto de escasez, a la convicción de que el mundo es un lugar de carestía y que nunca habrá de nada en cantidad suficiente. El lema de esta clase de mentalidad es: "Alguien se ha quedado con lo que me correspondía a mí". De haber decidido adoptar esa actitud, sin duda habría perdido a mi nueva y querida amiga. También me habría sumido en un estado de resentimiento, celos y culpa.

Otra opción habría sido enfadarme conmigo misma. Podría haberme dicho: "He aquí la prueba definitiva de que eres una perdedora, Liz, ¡no consigues terminar nada! Esta novela quería ser tuya, pero lo estropeaste porque eres lo peor, eres vaga y tonta y siempre centras tu atención en el lugar equivocado, por eso nunca serás grande".

Por último, podría haber odiado al destino. Podría haber dicho: "He aquí la prueba de que Dios ama a Ann Patchett más que a mí. Porque Ann es la novelista elegida y yo —algo que siempre he sospechado en mis peores momentos— no soy más que una farsante. El destino se burla de mí, mientras la copa de Ann rebosa. Yo soy un juguete del destino,

Ann es su niña mimada, y ese es mi triste sino: sufrir la injusticia y la tragedia eternas".

Pero no hice ninguna de esas tonterías.

En lugar de ello, decidí ver lo ocurrido como un milagro pequeño y maravilloso. Me di permiso para sentirme agradecida y asombrada por haber formado parte de un hecho tan extraño. Era lo más cerca que había estado nunca de la magia y no estaba dispuesta a desperdiciar una experiencia tan asombrosa obsesionándome con pequeñeces. Para mí, aquel episodio era la prueba valiosa y resplandeciente de que mis teorías más marcianas sobre creatividad podían ser ciertas, de que las ideas están vivas, de que buscan el colaborador humano más disponible, que tienen voluntad consciente, que se trasladan de una persona a otra, que siempre buscarán el conducto más ágil y eficaz para llegar a la tierra (igual que hace el rayo).

Es más, ahora me inclinaba a pensar que las ideas también tienen ingenio, porque lo que nos había ocurrido a Ann y a mí no era sólo extraordinario, sino también curiosa y encantadoramente divertido.

Propiedad

Creo que la inspiración siempre se esfuerza al máximo por trabajar contigo, pero si no estás preparado o disponible, sin duda puede decidir abandonarte e ir en busca de otro socio.

De hecho, esto es algo que le ocurre a muchas personas.

Por eso una mañana abres el periódico y descubres que alguien ha escrito tu libro, o dirigido tu obra de teatro, o sacado tu disco, o producido tu película, o montado tu negocio, o inaugurado tu restaurante, o patentado tu invento..., o hecho realidad de una manera u otra la chispa de inspiración que tuviste hace unos años, pero no llegaste a cultivar del todo o nunca conseguiste terminar. Puede que esto irrite, pero en realidad no debería ¡porque no cumpliste tu parte del trato! No fuiste lo bastante dispuesto o rápido o receptivo para que la idea se instalara en ti y se completara. Por lo tanto, se fue en busca de otro socio, y alguien hizo realidad ese proyecto.

En los años transcurridos desde que publiqué *Come, reza, ama* no puedo decirte (y no puedo porque literalmente mi capacidad de cálculo no alcanza para ello) cuántas personas me han acusado furiosas de haber escrito *su* libro.

—Ese libro tenía que haber sido *mío* —gruñen mientras me miran furiosas desde la fila para que les firme su ejemplar en algún acto en Houston, Toronto, Dublín o Melbourne—. Tenía la intención de escribirlo algún día. Has escrito la historia de mi vida.

¿Qué puedo decir? ¿Qué sé yo de la vida de esa desconocida? Tal y como yo lo veo, me encontré una idea sin atender, la cogí y salí corriendo. Aunque es cierto que con *Come, reza, ama* tuve suerte (muchísima, sin duda), también lo es que trabajé como loca. Estuve girando como un insecto alrededor de esa idea. Una vez entró en mi pensamiento, no la perdí de vista un instante…, no hasta que el libro estuvo terminado y bien terminado.

Así que tenía derecho a quedármela.

Pero a lo largo de los años también he perdido un buen número de ideas. O, más bien, he perdido ideas que creí equivocadamente que estaban destinadas a ser mías. Otras personas escribieron libros que yo había anhelado escribir. Otras hicieron realidad proyectos que podían haber sido míos.

Este es uno de ellos: en 2006 estuve dando vueltas a la idea de escribir una extensa historia de

Newark, Nueva Jersey, y titularla *Brick City* (Ciudad de ladrillo). Mi idea era seguir al nuevo y carismático alcalde de Newark, Cory Booker, y escribir sobre sus esfuerzos por transformar esta ciudad fascinante pero problemática. Una idea genial, pero no llegué a ponerla en práctica (para ser sincera, iba a ser mucho trabajo y tenía otro libro en preparación, así que nunca llegué a meterme de lleno en ella). Entonces, en 2009, el canal Sundance produjo y emitió un extenso documental sobre la conflictiva historia de Newark, Nueva Jersey, y los esfuerzos de Cory Booker por enderezar la ciudad. El programa se llamaba *Brick City*. Cuando me enteré mi reacción fue de completo alivio: "¡Yupi! ¡No tengo que escribir sobre Newark. ¡Otra persona ha aceptado el encargo!"

Otra: en 1996 conocí a un tipo que era buen amigo de Ozzy Osbourne. Me contó que los Osbourne eran las personas más raras, divertidas, locas y extrañamente afectuosas del mundo. Me dijo: "¡Tienes que escribir algo sobre ellos! Deberías pasar tiempo en su compañía y ver cómo interactúan. No sé exactamente qué es lo que deberías hacer, pero *alguien* tiene que hacer algo que trate de los Osbourne, porque son demasiado maravillosos para ser verdad".

Me picó la curiosidad. Pero, una vez más, no llegué a ponerme a trabajar y otra persona terminó interesándose por los Osbourne…, con resultados notables.

Son muchas las ideas en las que nunca llegué a trabajar y que a menudo se han convertido en el proyecto de otro. Otras personas han contado historias que me resultaban de lo más familiar, historias que en algún momento me habían llamado la atención o parecían sacadas de mi propia vida, o que habría podido generar mi imaginación. No siempre me he tomado tan bien perder esas ideas y que otros creadores se quedaran con ellas. A veces ha sido doloroso. A veces he tenido que ver cómo otros disfrutaban de éxitos y victorias que había deseado para mí misma.

Pero así es el juego.

Y el juego también está lleno de misterios maravillosos.

DESCUBRIMIENTO MÚLTIPLE

Cuanto más lo pensaba, más me daba cuenta de que lo ocurrido entre Ann Patchett y yo podía haber sido la versión artística del "descubrimiento múltiple", un término empleado en la comunidad científica cada vez que dos o más investigadores de distintas partes del mundo tienen la misma idea al mismo tiempo (el cálculo, el oxígeno, los agujeros negros, la tira de Moebius, la existencia de la estratosfera y la teoría de la evolución, por nombrar sólo unas cuantas, tuvieron descubridores múltiples).

No existe una explicación lógica de por qué ocurre esto. ¿Cómo pueden dos personas que nunca han oído hablar del trabajo de la otra llegar a las mismas conclusiones científicas en el mismo momento histórico? Y sin embargo ocurre más veces de las que cabría suponer. Cuando el matemático húngaro del siglo XIX János Bolyai inventó la geometría no euclidiana, su padre lo apremió a que publicara sus descubrimientos antes de que otra persona tuviera la misma idea, diciéndole: "Cuando a determinadas cosas les llega su momento, aparecen en lugares distintos, igual que brotan las violetas a comienzos de primavera".

El descubrimiento múltiple también se da fuera de la esfera científica. En el mundo de los negocios, por ejemplo, es algo comúnmente aceptado que las grandes nuevas ideas están "ahí fuera" flotando en la atmósfera y de que la primera persona o compañía que se haga con una de ellas también se quedará con la ventaja competitiva. A veces todos lo intentan a la vez y pelean como locos por ser el primero (véase el auge de las computadoras personales en la década de 1990).

El descubrimiento múltiple puede darse incluso en las relaciones sentimentales. Nadie se ha interesado por ti en años y de pronto tienes dos pretendientes a la vez. ¡Eso sin duda es descubrimiento múltiple!

Para mí el descubrimiento múltiple se produce porque la inspiración está minimizando riesgos, jugando con los medidores, sintonizando dos canales a la vez. La inspiración es libre de hacer eso, si quiere. La inspiración es libre de hacer lo que quiera, de hecho, y no está obligada a justificar sus motivos ante ninguno de nosotros (por lo que a mí respecta, tenemos suerte de que la inspiración nos hable a todos; pretender además que se explique me parece demasiado pedir).

Al final, todo se reduce a las violetas pugnando por brotar.

Que la irracionalidad e impredecibilidad de toda esta extrañeza no te ponga nervioso. Ríndete a ella.

El contrato peculiar e intempestivo con una existencia creativa es así. No hay robo; no hay propiedad; no hay tragedia; no hay problema. No hay un tiempo ni un espacio de los que proceda la inspiración. Tan solo está la obstinación de la idea misma, que se niega a dejar de seguir buscando hasta que encuentra un colaborador (o múltiples, si se da el caso) igual de obstinado.

Trabaja con esa obstinación.

Trabaja de la manera más receptiva, confiada y concienzuda de que seas capaz.

Trabaja de corazón porque, te lo prometo, si te presentas a trabajar un día y otro y otro más, puede que, una mañana cualquiera, tengas la suerte de brotar y florecer.

LA COLA DEL TIGRE

Una de las mejores descripciones que he leído de este fenómeno —el de las ideas entrando y saliendo a capricho de la conciencia de los seres humanos— procede de la maravillosa poeta estadounidense Ruth Stone.

Conocí a Stone cuando tenía casi noventa años y me deleitó con historias sobre su extraordinario proceso creativo. Me contó que, durante su infancia en una granja de la Virginia rural, en ocasiones estaba trabajando en los campos cuando oía un poema acercarse a ella, quizá cruzando el paisaje a toda velocidad como un caballo al galope. Cada vez que esto ocurría, sabía exactamente lo que tenía que hacer. Echaba a correr "como alma que lleva el diablo" hacia la casa, tratando de ir siempre por delante del poema con la esperanza de coger papel y lápiz a tiempo de atraparlo. En ocasiones, sin embargo, era demasiado lenta y no lo lograba. Cuando esto ocurría, sentía cómo el poema le atravesaba el cuerpo y la abandonaba. Permanecía un instante dentro de ella buscando una respuesta, y a continuación se iba sin que le diera tiempo a asirlo, echaba a galopar, como decía ella, "en busca de otro poeta".

Pero a veces (y esta es la parte que resulta una auténtica locura) Ruth alcanzaba el poema por los pelos, o, como decía ella "por la cola". Como cuando se intenta sujetar un tigre. Entonces tiraba casi físicamente del poema hacia ella con una mano mientras con la otra lo escribía. En esos casos el poema aparecía en la página de la última palabra a la primera, escrito de atrás adelante, pero por lo demás intacto.

Eso, amigos míos, es Gran Magia al más puro estilo *friki-vintage*-vudú.

Y yo me la creo.

TRABAJO DURO FRENTE A POLVOS MÁGICOS

Creo en ella porque pienso que en ocasiones todos somos susceptibles de darnos de boca con una sensación de misterio e inspiración en nuestras vidas. Quizá no todos podamos ser canales divinos, como Ruth Stone, producir a raudales y cada día creación sin adulterar, sin obstáculos ni dudas... Pero sí podemos acercarnos a esa fuente que es la inspiración más de lo que pensamos.

Si he de ser sincera, en mi carrera de escritora no ha estado demasiado presente esa Gran Magia *friki-vintage*-vudú. Mi trayectoria no es sino el resultado de trabajo nada glamuroso y disciplinado. Me siento a mi mesa y faeno como un agricultor, y así es como salen las cosas. Los polvos mágicos no hacen el más mínimo acto de presencia.

Pero a veces sí. A veces, cuando estoy en pleno proceso de escritura, me siento como si caminara de pronto por uno de esos pasillos móviles que hay en las terminales de los grandes aeropuertos; tengo un largo camino por delante hasta la puerta de embarque y me pesa el equipaje, pero me siento suavemente impulsada por una fuerza exterior. Algo tira de mí, algo potente y generoso, algo que desde luego no soy yo.

Tal vez conozcas esa sensación. Es la que tienes cuando has hecho o fabricado algo maravilloso; y cuando lo recuerdas más adelante, lo único que puedes decir es: "No tengo ni idea de dónde ha salido".

No puedes repetirlo. No puedes explicarlo. Pero fue como si alguien te guiara.

Esta sensación la experimento muy raras veces, pero cuando ocurre, es lo más magnífico que se pueda imaginar. No creo que haya mayor felicidad en este mundo que este estado, a excepción quizá de enamorarse. En la Grecia antigua, la palabra para el grado máximo de felicidad humana era *eudaimonia,* que literalmente viene a significar "favorecido por los daimones", es decir, "protegido y guiado por una criatura espiritual creativa externa y divina" (los teóricos modernos, quizá porque no se sienten cómodos con esta idea de misterio divino, lo llaman simplemente "encontrar el flujo" o "estar en la zona").

Pero tanto los griegos como los romanos creían en un daimón de la creatividad externo, una suerte de duende doméstico que vivía en tu casa y en ocasiones te ayudaba con tus tareas. Los romanos tenían un nombre específico para este elfo doméstico tan solícito. Lo llamaban *genius loci* y era tu deidad guardiana particular, el conducto de tu inspiración. Lo que equivale a decir que los romanos no creían que una persona de talento excepcional *fuera* un genio, sino que una persona de talento excepcional *tenía* un genio.

Es una distinción sutil pero importante (ser frente a tener) y, en mi opinión, constituye un sabio constructo psicológico. La teoría de un genio externo ayuda a mantener a raya el ego del artista y lo distancia de algún modo de la carga que supone atribuirse por completo el mérito o la culpa del resultado de su trabajo. En otras palabras, si tu trabajo es un éxito, estás obligado a dar las gracias a tu genio externo por la ayuda, lo que te impide abandonarte al narcisismo total. Y si es un fracaso, no es sólo culpa tuya. Puedes decir: "Oye, a mí no me mires. ¡Mi genio no ha venido hoy a trabajar!"

En cualquiera de los dos casos el ego humano, tan vulnerable, queda protegido.

Protegido de la influencia corruptora de los halagos.

Protegido de los efectos corrosivos de la vergüenza.

ATRAPADOS BAJO LA ROCA

Creo que la sociedad les hizo un flaco favor a los artistas cuando empezó a decir que determinadas personas *eran* genios, en lugar de decir que *tenían* un genio. Esto ocurrió más o menos en el Renacimiento, con el auge de una visión de la vida más racional y humanista. Los dioses y los misterios perdieron importancia y de pronto empezamos a atribuir el mérito y la culpa de la creatividad a los artistas mismos, haciendo responsables de los caprichos de la inspiración a seres humanos a menudo demasiado frágiles.

No sólo eso, también empezamos a venerar el arte y a los artistas por encima de sus posibilidades. La distinción que portaba "ser un genio" (y las recompensas y el estatus asociados a ello) elevó a los creadores a una categoría de casta sacerdotal —quizá incluso a deidades menores— que, en mi opinión, constituye una presión excesiva para meros mortales, por mucho talento que tengan. Es entonces cuando los artistas empiezan a resquebrajarse, a volverse locos y a desmoronarse bajo el peso y la peculiaridad de sus talentos.

Cuando se endosa a los artistas la etiqueta de "genio", creo que pierden la capacidad de tomarse a sí mismos a la ligera, o de crear en libertad. Pensemos por ejemplo en Harper Lee, que estuvo décadas sin escribir nada después del extraordinario éxito de *Matar un ruiseñor.* En 1962, cuando le preguntaron cómo se sentía ante la posibilidad de escribir otro libro, contestó: "Me da miedo". También dijo: "Cuando estás en lo más alto, sólo hay una dirección en la que ir"

Puesto que Lee no fue más explícita sobre su situación, nunca sabremos por qué esta autora de éxito descomunal no escribió docenas de libros más mientras vivió. Pero me pregunto si no quedaría atrapada bajo la roca de su propia reputación. Tal vez todo se volvió demasiado intenso, demasiado cargado de responsabilidad, y su arte murió de miedo..., o peor, de autocompetencia (después de todo, ¿de qué podía tener miedo Harper Lee? Posiblemente solo de esto: de no poder superar a Harper Lee).

En cuanto a lo de haber llegado a lo más alto y sólo tener una dirección en la que ir, no le faltaba razón, ¿verdad? Lo que quiero decir es que si un milagro único no se puede repetir, si nunca se puede volver a lo más alto, entonces ¿para qué molestarse en crear? Bueno, lo cierto es que sobre este punto puedo hablar por propia experiencia, porque una vez estuve "en lo más alto" con un libro que permaneció más de tres años en las listas de más vendidos. No te puedes imaginar cuánta gente me dijo durante aquellos años: "¿Cómo vas a superar eso?" Hablaban de mi buena suerte como si fuera una maldición, no una bendición, y hacían hipótesis sobre lo aterrada que debía de estar ante la obligación de ser capaz de alcanzar de nuevo esa cota descomunal.

Pero esa manera de pensar da por hecho que hay una "cima" y que llegar a ella (y quedarse) es el único motivo que impulsa a las personas a crear. Esta manera de pensar da por hecho que los misterios de la inspiración operan en la misma escala que nosotros, una escala limitada de éxito y fracaso, de ganar y perder, de unidades vendidas y de influencias ejercidas. Esta manera de pensar da por hecho que uno siempre tiene que salir victorioso, no sólo con respecto a sus iguales, también con respecto a una versión anterior y peor de uno mismo. Y, lo más peligroso de todo, esta manera de pensar da por hecho que si no puedes ganar, entonces no debes seguir jugando.

Pero ¿qué tiene todo eso que ver con la vocación? ¿Con la búsqueda del amor? ¿Con la extraña comunión entre lo humano y lo mágico? ¿Qué tiene todo eso que ver con la fe? ¿Con la felicidad serena de simplemente *hacer* cosas y después compartirlas con el corazón abierto y sin expectativas?

Me gustaría que Harper Lee hubiera seguido escribiendo. Me gustaría que, justo después de *Matar un ruiseñor* y el premio Pulitzer, hubiera publicado cinco libros baratos y fáciles seguidos: una novelita romántica, una historia policiaca, un cuento infantil, un libro de cocina, una historia popular de acción y aventuras, *cualquier cosa.* Igual crees que estoy bromeado, pero no es así. Imagina lo que podría haber creado Lee, aunque fuera de manera accidental, si hubiera adoptado ese enfoque. Por lo menos habría podido convencer a alguien de que se olvidara de que en otro tiempo había sido Harper Lee. Podía haberse convencido *a sí misma* de que en otro tiempo había sido Harper Lee, lo que quizá le habría resultado liberador desde un punto de vista artístico.

Por suerte, después de muchas décadas de silencio, hemos vuelto a oír la voz de Harper Lee. Hace poco se descubrió un manuscrito temprano, una novela que escribió antes de *Matar un ruiseñor* (en otras palabras, un libro que escribió antes de que el mundo entero estuviera mirándola y esperando a ver qué haría a continuación, agobiándola con sus expectativas). Pero me gustaría que alguien hubiera conseguido convencer a Lee de seguir escribiendo durante toda su vida, de seguir publicando. Habría sido un regalo para el mundo. Y también para ella…, poder seguir siendo escritora y disfrutar de los placeres y satisfacciones que ese trabajo le procurara (porque, a fin de cuentas, la creatividad es un regalo para el creador, no solo para el público).

Ojalá alguien le hubiera dado ese mismo consejo a Ralph Ellison. Escribe lo que sea y atrévete a publicarlo, sin pensarlo dos veces. Y también a Scott Fitzgerald. Y a cualquier creador, famoso u oscuro, que desapareciera bajo la sombra de su reputación, real o imaginada. Ojalá alguien les hubiera ordenado que llenaran un montón de páginas de lo que fuera y las publicaran, por el amor de Dios, e ignoraran el resultado.

¿Suena a sacrilegio sugerir siquiera algo así?

Me alegro.

Sólo porque la creatividad sea algo místico, no quiere decir que no haya que desmitificarla, sobre todo si eso implica liberar a los artistas del yugo de su grandeza, su terror y su ego.

Déjalo ir

Lo más importante que hay que entender sobre la *eudaimonia,* ese encuentro maravilloso entre ser humano e inspiración creativa divina, es que no puedes contar con que estará siempre ahí.

Vendrá y se irá, y debes aceptar que sea así.

Sé de lo que hablo, porque mi genio —venga de donde venga— no tiene horarios fijos. Mi genio, que se sepa, no sigue horarios humanos y desde luego no organiza su agenda según lo que mejor me convenga a mí. A veces sospecho que mi genio está pluriempleado como genio de otro, quizá incluso de varias personas, como si fuera un trabajador autónomo. En ocasiones tanteo en la oscuridad en busca de estímulo creativo mágico y lo único que toco es algo parecido a una franela.

Entonces de pronto, ¡zas!, llega la inspiración, como salida de la nada.

Y luego…, ¡zas!, se marcha otra vez.

Una vez me quedé dormida viajando en un tren y soñé un relato entero, de principio a fin. Me desperté del sueño, cogí un bolígrafo y escribí la historia en un arrebato de inspiración febril. Es lo más cerca que he estado nunca de tener un momento Ruth Stone puro. Un manantial se abrió dentro de mí y las palabras brotaron página tras página sin ningún esfuerzo.

Cuando terminé de escribir el relato, apenas tuve que corregir una palabra. Era perfecto. Perfecto y al mismo tiempo extraño; ni siquiera trataba de algo sobre lo que yo habría escrito normalmente. Después, varios críticos repararon en lo diferente que era el relato del resto que componía el volumen (un crítico, de forma reveladora, lo describió como "realismo mágico yanqui"). Era un relato encantado, escrito bajo un hechizo, e incluso un desconocido podía ver los polvos mágicos. Sigo pensando en ese relato como la joya más perfecta que jamás he desenterrado de mi interior.

Aquello fue, sin lugar a dudas, Gran Magia.

Pero también fue hace veintidós años y nunca me ha vuelto a ocurrir (y créeme, desde entonces me he echado muchas siestas en trenes). En este tiempo he tenido momentos de asombrosa comunión creativa, pero nada tan puro y estimulante como aquel intenso encuentro.

Vino y se fue.

Y lo que yo digo es: si mi intención es quedarme sentada esperando a recibir otra visita creadora tan pura e intensa, puedo pasarme mucho tiempo esperando. Así que no me quedo sin escribir hasta que mi genio decida visitarme. En cualquier caso, he llegado a la conclusión de que mi genio pasa mucho tiempo esperándome a mí, esperando a ver si de verdad me tomo en serio este trabajo. A veces tengo la sensación de que mi genio está sentado en un rincón y me ve sentarme a mi mesa, día tras día, semana tras semana, mes tras mes, sólo para asegurarse de que voy en serio, de que de verdad estoy dedicándome en cuerpo y alma al trabajo creativo. Cuando se convence de que no estoy haciendo el paripé, es posible que haga acto de presencia y me brinde su ayuda. En ocasiones esa ayuda no llega hasta dos años después de empezado el proyecto. En ocasiones no dura más de diez minutos.

Pero cuando llega —la sensación de que el suelo avanza bajo mis pies, bajo mis *palabras*—, me siento feliz y me subo al tren. Cuando esto ocurre, escribo como si no fuera del todo yo misma. Pierdo la noción del tiempo y de mí. Mientras sucede doy gracias al misterio por su ayuda. Y cuando se marcha lo dejo ir, y sigo trabajando duro, con la esperanza de que algún día mi genio reaparezca.

Así que trabajo de las dos maneras, con o sin ayuda, porque es lo que hay que hacer para llevar una vida creativa plena. Trabajo con constancia y siempre agradecida al proceso. Sea tocada o no por la gracia, doy gracias a la creatividad por permitirme colaborar con ella.

Porque en cualquiera de los dos casos es asombroso: lo que conseguimos hacer, lo que conseguimos intentar, lo que *en ocasiones* logramos en comunión.

Así que gratitud siempre.

Siempre.

CORAZÓN DESLUMBRADO

¿Y cómo interpretó Ann Patchett lo que ocurrió entre nosotras?

¿Cómo entendió ella nuestro curioso milagro, el de la novela sobre la selva del Amazonas que había salido de mi cabeza y aterrizado en la suya?

Bueno, Ann es una persona mucho más racional que yo, pero incluso ella sintió que lo ocurrido tenía algo de sobrenatural. Incluso ella sintió que la inspiración me había dejado y aterrizado en ella en el transcurso de un beso. En las siguientes cartas que me escribió fue lo bastante generosa para referirse siempre a su novela de la selva del Amazonas como "nuestra novela sobre la selva del Amazonas", como si ella fuera la madre de alquiler de una idea concebida por mí.

Lo cual era generoso por su parte, pero no del todo cierto. Como cualquiera que haya leído *El corazón de la jungla* sabrá muy bien, esa magnífica historia es por completo de Ann Patchett. Nadie más podría haber escrito esa novela de la forma en que lo hizo ella. Cuando mucho, yo habría sido la madre de acogida que cuidó de la idea durante un par de años mientras buscaba su legítima colaboradora. Quién sabe a cuántos escritores más habría visitado esa idea a lo largo de los años antes de pasar a estar bajo mis cuidados durante un tiempo y luego instalarse definitivamente en Ann (Boris Pasternak explicó de manera muy bonita este fenómeno cuando escribió: "Ningún libro de verdad tiene una primera página. Como el rumor de un bosque, es concebido Dios sabe dónde, y crece y se extiende, despertando el corazón inexplorado de la espesura hasta que, de pronto..., empieza a hablar a un tiempo con las copas de todos los árboles").

Lo único que sé con certeza es que esta novela quería de verdad ser escrita y no desistió de su agitada búsqueda hasta que encontró un autor preparado y dispuesto a hacerlo..., no más adelante, no algún día, no dentro de unos años, no cuando vengan tiempos mejores, no cuando mi vida sea más fácil, sino *ahora mismo*.

Así que se convirtió en la historia de Ann.

Lo que me dejó con un corazón deslumbrado y la sensación de que vivo en un mundo absolutamente extraordinario, repleto de misterios. Me hizo pensar en la memorable explicación del astrofísico británico sir Arthur Stanley Eddington sobre cómo funciona el universo: "Algo desconocido hace algo que no sabemos qué es".

Pero lo mejor de todo es que *no necesito saber qué es*.

No exijo una traducción de lo desconocido. No necesito comprender lo que significa todo, o dónde nacen las ideas o por qué la creatividad funciona de manera tan impredecible. No necesito saber por qué unas veces podemos conversar libremente con la inspiración y otras trabajamos duro y en soledad sin ningún resultado. No necesito saber por qué hoy te ha visitado una idea a ti y no a mí. O por qué nos ha visitado a los dos. O por qué nos ha abandonado a los dos.

Ninguno podemos saber esas cosas, porque forman parte de los grandes enigmas.

De lo único que estoy segura es de que *así es como quiero pasar mi vida,* colaborando en la medida de mis posibilidades con fuerzas de inspiración que no puedo ni ver ni demostrar ni controlar ni comprender.

Es una profesión extraña, lo reconozco.

No imagino una manera mejor de pasar mis días.

3
Permiso

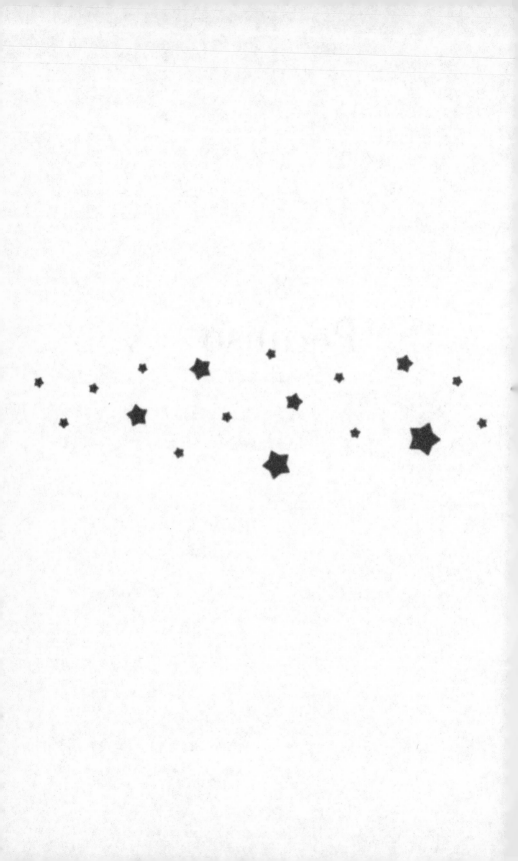

ELIMINAR EL BUZÓN DE SUGERENCIAS

Yo no crecí en una familia de artistas.

Podría decirse que los míos tuvieron vidas más anodinas.

Mi abuelo materno tenía una granja lechera; mi abuelo paterno vendía estufas. Mis dos abuelas eran amas de casa, lo mismo que sus madres, sus hermanas, sus tías.

En cuanto a mis padres, él es ingeniero, ella enfermera. Y aunque por edad les correspondía nunca fueron hippies, ni mucho menos. Eran demasiado conservadores para algo así. Mi padre pasó la década de los sesenta en la universidad y en la marina; mi madre, en la escuela de enfermería, haciendo turnos de noche en el hospital y ahorrando prudentemente.

Después de casados, mi padre encontró trabajo en una compañía química en la que estuvo treinta años. Mi madre trabajaba media jornada, se convirtió en miembro activo de la iglesia de la ciudad, formaba parte del consejo escolar, trabajó de voluntaria en la biblioteca y visitaba a ancianos y a inválidos.

Eran personas responsables. Que pagaban sus impuestos. Votaban a Reagan (¡en dos ocasiones!).

De ellos aprendí a ser rebelde.

Y es que, aunque en lo básico cumplieron con los requisitos de todo buen ciudadano, mis padres hicieron con sus vidas lo que les dio la gana y lo hicieron con una despreocupación bastante maravillosa. Mi padre decidió que no quería ser sólo ingeniero químico; también quería ser arboricultor de abetos navideños, así que en 1973 lo hizo. Nos llevó a vivir a una granja, limpió una parcela de tierra, plantó unos cuantos esquejes y puso en marcha su proyecto. No dejó su empleo para dedicarse a su sueño; simplemente incorporó éste a su vida diaria. También quería criar cabras, así que compró algunas. Las trajo a casa en el asiento trasero del Ford Pinto familiar. ¿Había criado cabras alguna vez? No, pero pensó que sabría cómo hacerlo. Es igual que cuando se interesó por la apicultura: compró unas abejas y se puso manos a la obra. Treinta y cinco años más tarde, conserva las colmenas.

Cuando a mi padre le entraba curiosidad por algo, se dedicaba a ello. Tenía una fe inquebrantable en sus capacidades. Y cuando necesitaba algo (lo que rara vez ocurría, porque lo cierto es que tiene las necesidades materiales de un vagabundo), se lo hacía él mismo, o lo arreglaba él mismo, o lo fabricaba de alguna manera, por lo general sin consultar el manual de instrucciones y por lo común sin pedir el consejo de un experto. Mi padre no siente demasiado respeto ni por las instrucciones ni por los expertos. No le impresionan ni los títulos universitarios ni otras minucias de la civilización tales como los permisos de obra o los letreros de NO PASAR (para bien o para mal, mi padre me ha enseñado que el mejor sitio para montar una tienda de campaña siempre será el que tenga el letrero de PROHIBIDO ACAMPAR).

A mi padre no le gusta *nada* que le digan lo que tiene que hacer. Su individualismo y su rebeldía son tales que a menudo resultan cómicos. Una vez, cuando estaba en la marina, su capitán le ordenó que pusiera un buzón de sugerencias en la cantina. Mi padre construyó obedientemente el buzón, lo clavó a la pared, a continuación escribió la primera sugerencia y la metió por la ranura. La nota decía: "Sugiero eliminar el buzón de sugerencias".

En muchos sentidos es un bicho raro, mi padre, y sus instintos hiperantiautoritarios pueden en ocasiones bordear lo patológico... Pero siempre he sospechado que era bastante interesante, incluso cuando era niña y me daba vergüenza pasear por el pueblo en un Ford Pinto lleno de cabras. Sabía que estaba haciendo lo que le gustaba, siguiendo su camino, y de manera intuitiva sentía que eso lo convertía, por definición, en una persona interesante. Entonces no tenía un término para describirlo, pero ahora me doy cuenta de que practicaba algo llamado vivir creativamente.

Me gustaba.

También lo tuve en cuenta cuando me llegó el momento de imaginar mi propia vida. No porque quisiera seguir ninguna de las opciones que había escogido mi padre (no soy ni granjera ni republicana), pero su ejemplo me inspiró para forjarme mi destino en el mundo de la forma que yo eligiera. Además, igual que mi padre, no me gusta que me digan lo que tengo que hacer. Aunque no soy en absoluto belicosa, sí soy muy obstinada. Esta obstinación resulta de ayuda cuando se trata de vivir creativamente.

En cuanto a mi madre, es una versión algo más civilizada de mi padre. Siempre va bien peinada, su cocina está siempre recogida y sus modales amistosos del Medio Oeste son impecables, pero que eso no te engañe: tiene una voluntad de hierro y numerosísimos talentos. Es una mujer que siempre ha creído que podía construir, coser, plantar, tejer, remendar, arreglar, pintar o decorar cualquier cosa que su familia necesitara. Nos cortaba el pelo. Hacía pan. Plantaba, cultivaba y preparaba conservas de verduras. Nos hacía la ropa. Ayudaba a nacer a los cabritillos. Sacrificaba los pollos y los servía para cenar. Empapeló ella sola nuestro cuarto de estar y restauró nuestro piano (que había comprado por cincuenta dólares en la iglesia). Nos ahorraba visitas al médico curándonos ella. Sonreía con dulzura a todo el mundo y siempre se mostraba colaboradora, pero luego iba y moldeaba su mundo a su gusto mientras nadie la veía.

Creo que el ejemplo de asertividad discretamente insolente de mis padres fue lo que me hizo pensar que podía ser escritora o, al menos, que podía *intentarlo*. No recuerdo que mis padres expresaran en ningún momento preocupación por mi sueño de convertirme en escritora. Si les preocupó, no dijeron nada al respecto, pero lo cierto es que no creo que les preocupara. Creo que confiaban en que siempre podría cuidar de mí misma porque me habían enseñado a hacerlo (en cualquier caso, la regla de oro en mi familia es ésta: "Si eres autosuficiente económicamente y no molestas a nadie, eres libre de hacer lo que quieras con tu vida").

Quizá porque no se preocuparon demasiado por mí, yo tampoco lo hice.

Tampoco se me ocurrió nunca pedir permiso para ser escritora a una figura de autoridad. Nunca he visto a nadie de mi familia pedir permiso a nadie para hacer *nada*.

Se limitaban a hacer cosas.

Así que eso decidí yo: hacer cosas.

AUTORIZACIÓN ESCRITA

Aquí es adonde quería yo llegar, amigo mío:

No necesitas el permiso de nadie para llevar una vida creativa.

Es posible que no recibieras este mensaje cuando eras pequeño. Tal vez a tus padres les aterrorizara el riesgo en cualquiera de sus formas. Puede que fueran unos obsesos de las reglas, o quizá estuvieran demasiado ocupados siendo depresivos melancólicos, o adictos, o toxicómanos para canalizar su imaginación hacia la creatividad. Acaso temieran lo que pudieran decir los vecinos. Es posible que tus padres no tuvieran nada de creadores. Tal vez fueran meros consumidores. Puede que crecieras en un entorno donde las personas se limitaban a ver la televisión y esperar que les pasaran cosas.

Olvídalo. No importa.

Retrocede un poco más en tu historial familiar. Fíjate en tus abuelos: hay muchas probabilidades de que fueran creadores. ¿Ah, no? ¿Todavía no? Retrocede más, entonces. Hasta tus bisabuelos. Investiga tus ancestros. Busca los que fueron inmigrantes, o esclavos, o soldados, o granjeros, o marineros, o de esas personas que acudían al puerto a ver llegar los barcos llenos de desconocidos. Retrocede lo que haga falta y encontrarás a personas que no eran consumidores, gente que no se limitaba a quedarse sentada y esperar a que le pasaran cosas. Encontrarás a personas que se pasaron la vida haciendo cosas.

De ahí es de donde vienes tú.

De ahí es de donde venimos todos.

Los seres humanos llevan mucho tiempo, el suficiente, siendo creativos, y de manera tan consistente que parece un impulso absolutamente natural. Para poder verlo con algo de perspectiva, consideremos lo siguiente: el indicio más temprano de arte humano reconocible data de hace cuarenta mil años. El primer indicio de agricultura humana, por el contrario, tiene una antigüedad de sólo diez mil. Lo que quiere decir que en algún momento de nuestra historia evolutiva colectiva decidimos que era mucho más importante hacer objetos atractivos, superfluos, que aprender a alimentarnos con regularidad.

La diversidad de nuestra expresión creativa es fantástica. Algunas de las obras de arte más perdurables y apreciadas en la tierra son innegablemente majestuosas. Algunas te dan ganas de arrodillarte y llorar. Otras, en cambio, no. Hay manifestaciones de expresión artística que a ti pueden provocarte y resultarte estimulantes y a mí aburrirme mortalmente. Algunas obras de arte creadas por el ser humano a lo largo de los siglos son sublimes, y es probable que surgieran de un profundo sentido de lo sagrado y trascendente, pero otras muchas no. Muchas son el resultado de tipos que buscan divertirse: hacer una pieza de cerámica más bonita, fabricar una silla mejor o dibujar penes en paredes para pasar el rato. Eso también está muy bien.

¿Quieres escribir un libro? ¿Componer una canción? ¿Dirigir una película? ¿Cerámica decorativa? ¿Aprender a bailar? ¿Explorar nuevos territorios? ¿Quieres dibujar un pene en una pared? Hazlo. ¿Qué más da? Es tu derecho en tanto ser humano, así que hazlo con alegría (es decir, tómatelo en serio, pero al mismo tiempo no te lo tomes en serio). Deja que la inspiración te lleve a donde quiera llevarte. Ten presente que durante gran parte de la historia las personas han hecho cosas y tampoco armaban ningún revuelo por ello.

Hacemos cosas porque nos *gusta* hacer cosas.

Buscamos lo interesante y lo nuevo porque nos *gusta* lo interesante y lo nuevo.

Y la inspiración trabaja con nosotros, al parecer, porque le *gusta*, porque los seres humanos poseemos algo especial, algo añadido, algo innecesariamente abundante, algo que la novelista Marilynne Robinson llama "una sobreabundancia mágica".

Pues bien, esa sobreabundancia mágica es tu creatividad, que zumba y se revuelve en silencio en ese lugar en que está enterrada a gran profundidad.

¿Estás considerando convertirte en una persona creativa? Demasiado tarde, ya lo eres. El hecho mismo de decir que alguien es "una persona creativa" es redundante casi hasta extremos cómicos: la creatividad es la marca de nuestra especie. Para ella tenemos los sentidos, la curiosidad, los pulgares oponibles, el ritmo, el lenguaje, la ilusión y la conexión innata con la divinidad.

Si estás vivo, eres una persona creativa. Tú y yo y todas las personas que conoces somos descendientes de decenas de miles de años de creadores. Decoradores, hojalateros, cuentacuentos, bailarines, exploradores, violinistas, percusionistas, albañiles, tenderos, solucionadores de problemas y embellecedores... Todos ellos son nuestros ancestros comunes.

Los paladines de la alta cultura tratarán de convencerte de que el arte pertenece sólo a unos pocos elegidos. No sólo se equivocan, también resultan irritantes. *Todos* somos los pocos elegidos. Somos creadores por defecto. Incluso si creciste viendo dibujos animados hipnotizado de la mañana a la noche, sigue habiendo creatividad en tu interior. Tu creatividad es mucho más vieja que tú, que cualquiera de nosotros. Tu cuerpo mismo, tu propio ser están perfectamente diseñados para vivir en colaboración con la inspiración y la inspiración sigue buscándote..., lo mismo que buscó a tus antepasados.

Con todo esto lo que quiero decirte es que *no necesitas autorización escrita del despacho del director para llevar una vida creativa.*

O, si de verdad te preocupa lo de llevar autorización escrita, entonces YA LA TIENES. Yo te la doy.

La he escrito en el dorso de una vieja lista del mandado.

Considérate plenamente autorizado.

Y ahora, ponte a crear algo.

DECÓRATE

Tengo una vecina que no para de hacerse tatuajes.

Se llama Eileen. Se hace tatuajes con la misma alegría con la que yo me compro unos pendientes baratos, sólo porque le apetece, porque le da por eso. Algunas mañanas se levanta de bajón y anuncia: "Creo que voy a ir a que me hagan un tatuaje". Si le preguntas qué clase de tatuaje tiene intención de hacerse, dirá: "Pues no lo sé. Lo decidiré cuando llegue a la tienda. O igual dejo que el artista me sorprenda".

Para que nos entendamos, esta mujer no es una adolescente con problemas de control de impulsos. Es una mujer adulta, con hijos ya adultos, que dirige un negocio de éxito. También es muy interesante, guapa a más no poder y uno de los espíritus más libres que he conocido. Cuando una vez le pregunté cómo podía marcarse el cuerpo de manera tan arbitraria con tinta permanente me dijo:

—Es que no lo estás entendiendo. ¡No es permanente, sino temporal!

Confusa, le pregunté:

—¿Me estás diciendo que todos tus tatuajes son temporales?

Sonrió y dijo:

—No, Liz. Mis tatuajes son permanentes, lo temporal es mi *cuerpo*. Igual que el tuyo. Nuestro paso por la tierra es breve, así que hace mucho decidí que quería decorarme a mí misma de la manera más divertida posible, ahora que todavía tengo tiempo.

No tengo palabras para explicar lo maravilloso que me parece esto.

Porque yo, al igual que Eileen, también quiero vivir la vida temporal lo más decorada que pueda, y no me refiero sólo a físicamente; quiero decir emocional, espiritual, intelectualmente. No quiero que me den miedo los colores brillantes, los sonidos nuevos, el amor con mayúsculas, las decisiones arriesgadas, las experiencias desconocidas, las empresas estrafalarias, los cambios repentinos... Ni siquiera el fracaso.

Que conste que no tengo intención de cubrirme de tatuajes (sencillamente porque no es mi onda), pero sí voy a pasar el mayor tiempo posible creando cosas placenteras a partir de mi experiencia, porque eso es lo que me estimula, lo que me hace sentir viva.

Mi decoración la hago con tinta de imprenta, no de tatuajes. Pero mi necesidad de escribir proviene del mismo lugar del que sale la que tiene Eileen de convertir su piel en un imaginativo lienzo mientras siga en este mundo.

Viene de un sitio llamado *"Oye, ¿y por qué no?"*.

Porque todo es pasajero.

PRERROGATIVA

Pero para vivir de esta manera —con libertad para crear, para explorar— es necesario poseer un fuerte sentido de nuestras prerrogativas, algo que confío aprendas a cultivar.

Reconozco que la palabra *prerrogativa* tiene unas connotaciones negativas horribles, pero para este libro me gustaría apropiarme de ella y darle buen uso, porque nunca podrás hacer de tu vida algo creativo e interesante si no crees que tienes la prerrogativa de, al menos, intentarlo. Creer que la creatividad es una prerrogativa no significa comportarse como una princesa ni actuar como si el mundo nos debiera algo. No, la prerrogativa creadora significa simplemente creer que *tienes permiso para estar aquí* y que sólo por ello estás autorizado a tener una voz y una visión propias.

A este sentido de la prerrogativa creadora el poeta David Whyte lo llama "la arrogancia de pertenecer" y afirma que se trata de un privilegio que es vital cultivar si quieres interactuar más intensamente con la vida. Sin esta arrogancia de pertenecer nunca podrás asumir ningún riesgo creativo. Sin ella nunca saldrás del asfixiante aislamiento de la seguridad personal ni cruzarás las fronteras de lo hermoso y lo inesperado.

La arrogancia de pertenecer no tiene que ver con el egocentrismo ni con el ensimismamiento. En cierta y extraña manera tiene que ver con justo lo contrario; es un impulso divino que te sacará de ti mismo y te permitirá entregarte más a la vida. Porque, a menudo, lo que te separa de una existencia creativa es tu ensimismamiento (tus inseguridades, tu falta de autoestima, tu autocrítica, tu exceso de instinto de protección). La arrogancia de pertenecer te saca de las oscuras profundidades del autodesprecio, no diciendo "¡Soy el mejor!", sino simplemente "¡Estoy aquí!"

Creo que esta clase de arrogancia buena —el sentirse con derecho a existir y, por tanto, a expresarse— es la única arma con la que combatir el feo diálogo que puede surgir dentro de tu cabeza cada vez que tengas un impulso creador. Sabes a qué diálogo me refiero, ¿verdad? Estoy hablando de: "¿Quién te crees que eres tratando de ser creativo? Eres un asco, eres tonto, no tienes talento y no sirves para nada. Vuelve a tu madriguera".

A lo cual es posible que te hayas pasado una vida entera contestando educadamente:

"Tienes razón. Doy asco y soy tonto. Gracias. Me vuelvo a mi madriguera ahora mismo".

Me gustaría verte mantener una conversación más provechosa e interesante contigo mismo que esa. Por amor del cielo, ¡al menos defiéndete!

Defender tu derecho a ser una persona creativa empieza por definirte. Empieza por hacer una declaración de intenciones. Ponte de pie bien erguido y dilo en voz alta, lo que sea:

Soy escritor.
Soy cantante.
Soy actriz.
Soy jardinero.
Soy bailarina.
Soy inventor.
Soy fotógrafa.
Soy chef.
Soy diseñador.
Soy esto, soy lo otro, ¡soy también lo de más allá!
Todavía no sé exactamente lo que soy, pero
    ¡tengo la curiosidad necesaria para descu-
    brirlo!

Dilo. Que se entere de que estás ahí. En serio, entérate *tú* de que estás ahí, porque esta declaración de intenciones es una proclamación a ti mismo tanto como al universo o a cualquier otra persona. Al oírla, tu alma reaccionará en consecuencia. Reaccionará *extasiada*, de hecho, porque para esto nació (confía en mí, tu alma lleva años esperando a que empieces a ser quien eres de verdad).

Pero la conversación tienes que empezarla tú, y luego debes sentirte con derecho a permanecer en ella.

Esta proclamación de intenciones y de derechos no es algo que puedas hacer sólo una vez y esperar milagros; es algo que tienes que hacer cada día, para siempre. Yo he tenido que definirme y defenderme como escritora todos los días de mi vida adulta, que recordar y volver a recordar constantemente a mi alma y al cosmos que me tomo muy en serio lo de llevar una vida creativa y que nunca dejaré de crear, por muy profundas que sean mis angustias y mis inseguridades.

Con el tiempo, también he encontrado el tono de voz adecuado para estas afirmaciones. Es mejor ser insistente, pero afable. Repítete, pero no te grites. Háblales a tus voces interiores más oscuras y negativas del modo en que un negociador de rehenes habla a un psicópata violento: con tranquilidad, pero con firmeza. Sobre todo, no retrocedas. No puedes permitirte retroceder. Después de todo, la vida que estás negociando es la tuya.

"¿Quién te crees que eres?", exigirán saber tus voces interiores más oscuras.

"Me alegro de que me hagas esa pregunta", puedes contestar. "Te lo voy a decir: soy una criatura de Dios como todas las demás. Soy parte constituyente de este universo. Tengo espíritus benefactores invisibles que creen en mí y trabajan conmigo. El hecho de que esté aquí es la prueba de que tengo derecho a ello. Tengo derecho a mi propia voz y a mi propia visión de las cosas. Tengo derecho a colaborar con la creatividad, porque yo misma soy producto y consecuencia de la creación. Estoy decidido a emprender mi liberación artística, *así que déjenme tranquilo.*

¿Lo ves?

Ahora sólo hablas tú.

ORIGINALIDAD FRENTE A AUTENTICIDAD

Tal vez tengas miedo a no ser lo bastante original.

Tal vez ése sea el problema, te preocupa que tus ideas sean ordinarias y pedestres, y por tanto indignas de crear algo con ellas.

Los aspirantes a escritores a menudo me dicen: "Tengo una idea para algo, pero me temo que alguien ya lo haya hecho".

Bueno, sí, eso es probable. La mayoría de las cosas ya están hechas..., pero no por ti.

Para cuando Shakespeare llegó al final de su vida, había escrito prácticamente sobre todos los argumentos que existen, pero eso no ha impedido a casi cinco siglos de escritores explorarlos una y otra vez (y, recuerda, gran parte de esas historias ya eran clichés mucho antes de que pasaran por manos de Shakespeare). Cuando Picasso vio las pinturas rupestres de Lascaux, al parecer dijo: "En doce mil años no hemos aprendido nada". Lo que probablemente sea cierto, pero ¿y qué?

¿Y qué si repetimos los mismos temas? ¿Y qué si trazamos círculos alrededor de las mismas ideas, generación tras generación tras generación? ¿Y qué si cada nueva generación tiene los mismos impulsos y hace las mismas preguntas que los seres humanos llevan años formulando? Al fin y al cabo, todos estamos relacionados, así que el instinto creativo se va a repetir. Todo nos recuerda a algo. Pero una vez que pones tu expresión y tu pasión detrás de una idea, esa idea se convierte en *tuya*.

El caso es que cuanto mayor me hago, menos me impresiona la originalidad. Estos días me conmueve mucho más la autenticidad. Los intentos por ser original pueden resultar a menudo forzados y afectados, pero la autenticidad tiene una resonancia que nunca deja de emocionarme.

Así que di lo que quieras decir y dilo de corazón.

Comunica todo lo que te sientas impulsado a comunicar.

Si es lo bastante auténtico, créeme, *resultará* original.

MOTIVOS

Ah, y otra cosa. No tienes la obligación de salvar el mundo con tu creatividad.

Tu arte no tiene que ser original; en otras palabras: no tiene que ser *importante*.

Por ejemplo, cada vez que alguien me dice que quiere escribir un libro para ayudar a otras personas, pienso: *"Por favor, no lo hagas"*.

Por favor, no intentes ayudarme.

A ver, es muy amable por tu parte querer ayudar a los demás, pero, por favor, que ese no sea tu único motivo creador, porque sentir el peso de tu solemne propósito nos creará una gran tensión (me recuerda a esa maravillosa sentencia de la columnista británica Katharine Whitehorn: "Se reconoce a quienes viven para otros por la expresión de angustia en la cara de esos otros"). Preferiría con mucho que escribieras un libro para entretenerte en lugar de para ayudarme. O, si el tema de tu libro es más serio y oscuro, para librarte de alguna carga psíquica importante antes que para salvarnos o liberarnos a los demás.

Una vez escribí un libro para salvarme a mí misma. Escribí una memoria de viaje para dar sentido tanto al viaje como a mi confusión emocional. Lo único que intentaba hacer con ese libro era descubrir quién era. En el camino, sin embargo, escribí una historia que al parecer ayudó a muchas otras personas a encontrarse a sí mismas, pero ésa no fue nunca mi intención. Si me hubiera sentado a escribir *Come, reza, ama* con el único objetivo de ayudar a otros, me habría salido un libro por completo distinto. Podría incluso haber escrito un libro insufriblemente ilegible (sí, bueno, ya sé que muchos críticos encontraron *Come, reza, ama* insufriblemente ilegible tal como se publicó, pero eso no viene ahora al caso. Lo que importa es que lo escribí para ayudarme a mí, y por eso resultó genuino y, en última instancia, incluso ayudó a muchos lectores).

Piensa en este libro, por ejemplo, que tienes ahora mismo en las manos. *Libera tu magia* es, evidentemente, un manual de autoayuda, ¿verdad? Pues déjame que te diga, con todo mi respeto y cariño, que este libro no lo escribí para ti. Lo escribí para mí. Escribí este libro por mi propio placer, porque de verdad disfruto reflexionando sobre la creatividad. Me resulta agradable y útil meditar sobre el asunto. Si lo que he escrito aquí termina ayudándote, genial, me alegraré mucho. Será un efecto secundario maravilloso. Pero, a fin de cuentas, lo hago porque me gusta hacerlo.

Tengo un amiga monja que ha pasado toda su vida ayudando a personas sin hogar en Filadelfia. Es lo más parecido que conozco a una santa. Defensora incansable de los pobres, de los que sufren, de los que están perdidos y abandonados. ¿Y sabes por qué su labor caritativa es tan eficaz? *Porque disfruta haciéndola.* Porque le resulta agradable. De otra manera no funcionaría. De otra manera sería un duro deber y un oscuro martirio. Pero la hermana Mary Scullion no es ninguna mártir. Es una mujer alegre que lo pasa en grande llevando la existencia que mejor se ajusta a su naturaleza y más viva la hace sentir. Luego, da la casualidad de que haciéndola cuida de un montón de personas, pero todos perciben el disfrute genuino que hay detrás de la misión y que explica, en última instancia, por qué su presencia resulta tan curativa.

Lo que estoy diciendo es que está bien si tu trabajo te resulta divertido. También si te resulta curativo, o fascinante, o redentor, o si es sólo un pasatiempo que evita que te vuelvas loco. Está bien incluso si tu trabajo es totalmente frívolo. Está permitido. Todo lo está.

Tus razones para crear son razón suficiente. Dedicándote a lo que amas es posible que, sin darte cuenta, termines ayudándonos mucho a nosotros. ("No existe un amor que no termine ayudando", enseñaba el teólogo Paul Tillich). Así pues, dedícate a lo que te haga sentir vivo. Déjate llevar por lo que te fascina, por tus obsesiones y compulsiones. Fíate de ellas. Crea algo que siembre la revolución en tu corazón.

El resto vendrá solo.

FORMACIÓN

No tengo un posgrado en escritura creativa. En realidad no tengo un posgrado en nada. Me gradué en Ciencias Políticas (porque me tenía que graduar en algo) en la Universidad de Nueva York (NYU) y aún me siento afortunada por haber recibido lo que

considero que fue una formación anticuada, toleran-
te y liberal en humanidades.

Aunque siempre supe que quería ser escritora,
y aunque asistí a algunas clases de escritura en la universidad, cuando me gradué en la NYU decidí no
hacer un posgrado en escritura creativa. Desconfiaba
de la idea de que el mejor lugar donde encontrar mi
voz fuera un aula con otros quince escritores tratando de encontrar la suya.

Tampoco estaba muy segura de lo que me apor-
taría un posgrado en escritura creativa. Hacer un máster en escritura creativa no es como ir a la facultad de
Odontología, por ejemplo, donde puedes estar bastante seguro de que encontrarás un trabajo en el campo
que has elegido una vez que termines los estudios. Y si
bien creo que es importante para los dentistas tener un
título avalado por el Estado (también, ya puestos, para
los pilotos de líneas aéreas, los abogados y las manicu-
ristas), no estoy segura de que necesitemos novelistas
con credenciales oficiales. Doce autores estadouniden-
ses han ganado el Nobel de Literatura desde 1901 y ninguno tenía un máster en escritura creativa. Cuatro de
ellos no pasaron de la enseñanza secundaria.

Estos días hay numerosas universidades asombrosamente caras donde se puede estudiar creación.

Algunas son fantásticas, otras no tanto. Si quieres seguir ese camino, adelante..., pero has de ser consciente de que se trata de un intercambio y asegúrate de que el intercambio te beneficia. Lo que sacan las universidades está claro: tu dinero. Lo que sacan los estudiantes depende de su dedicación, de lo serio del programa y de la calidad de sus profesores. Sin duda, en estos programas podrás aprender disciplina, estilo y quizá incluso valor. También es posible que conozcas a tu tribu, esos colegas que te proporcionarán valiosos contactos profesionales y apoyarán tu carrera. Puede incluso que seas tan afortunado como para encontrar al mentor de tus sueños: un profesor especialmente sensible y dedicado. Pero me preocupa que lo que busquen los estudiantes de creación literaria a menudo en un posgrado no sea más que la demostración de su propia legitimidad, la prueba de que son personas creativas porque así lo dice su título de posgrado.

Por una parte, entiendo bien esta necesidad de reconocimiento oficial; intentar crear es una empresa con escasas garantías. Pero si trabajas solo todos los días en tu arte, con disciplina y amor continuos, entonces ya eres un creador de verdad y no necesitas que nadie lo afirme por ti.

Si ya has hecho un posgrado en un campo creativo u otro, ¡tranquilo! Si tienes suerte, tu arte habrá ganado en calidad y, en el peor de los casos, seguro que no te ha perjudicado. Aprovecha las lecciones que aprendiste en la universidad y úsalas para mejorar tu oficio. O, si estás haciendo un posgrado ahora mismo, y de verdad puedes permitírtelo sin que te suponga un gran sacrificio, tampoco pasa nada. Si la universidad te ha becado, mejor todavía. Eres afortunado por estar ahí, así que utiliza esa buena suerte en tu propio beneficio. Trabaja duro, aprovecha las oportunidades al máximo y crece, crece, crece. Puede ser una época maravillosa de estudio intensivo y expansión creativa. Pero si estás pensando en hacer algún tipo de posgrado en escritura y no te sobra el dinero, hazme caso: *no lo necesitas.* Y necesitas menos aún la carga económica que supone, porque la deuda es, y será siempre, el matadero de los sueños creativos.

Uno de los mejores pintores que conozco enseña en una de las facultades de artes más valoradas del mundo…, pero no tiene ningún máster. Es un maestro, sí, pero su maestría la adquirió solo. Se convirtió en un gran pintor porque trabajó como un esclavo durante años para ello. Ahora enseña a otros en un nivel de enseñanza al que nunca tuvo acceso. Lo que te hace cuestionarte la pertinencia del sistema en sí. Pero a su centro acuden estudiantes en manada de todo el mundo y muchos de ellos (los que no son de familias ricas o no consiguieron que la universidad los becara) salen del programa con una deuda de decenas de miles de dólares. A mi amigo le importan muchísimo sus estudiantes, así que verlos endeudarse tanto (mientras, paradójicamente, se esfuerzan por ser cada vez más como él) le pone enfermo, y a mí también.

Cuando le pregunté por qué lo hacen, por qué hipotecan hasta ese punto su futuro por unos años de estudiar creación, me dijo: "Lo cierto es que no siempre lo piensan con detenimiento. La mayor parte de los artistas son personas impulsivas que no hacen planes a largo plazo. A los artistas les gusta, por naturaleza, apostar. Apostar es un hábito peligroso. Pero cuando te dedicas al arte, estás apostando. Estás tirando los dados, apostando por la probabilidad remota de que tu inversión de tiempo, energía y recursos pueda resultar muy rentable, por que algún día alguien compre tu obra, por tener éxito. Muchos de mis estudiantes apuestan por que una educación cara les merezca la pena a largo plazo".

Lo entiendo. Yo también he sido impulsiva desde el punto de vista creativo. Es algo que va asociado al territorio de la curiosidad y la pasión. Con mi trabajo apuesto y doy saltos de fe constantemente..., o al menos lo intento. Tienes que estar dispuesto a asumir riesgos si quieres llevar una existencia creativa. Pero, si vas a apostar, *sé consciente de que estás apostando*. Nunca tires los dados sin ser muy consciente de lo que haces. Y asegúrate de que puedes respaldar tus apuestas (tanto emocional como económicamente).

Mi miedo es que muchos paguen un ojo de la cara por unos estudios de posgrado en arte y creación sin darse cuenta de que en realidad están apostando, porque a primera vista puede parecer que están haciendo una inversión segura. Después de todo, ¿no van las personas a la universidad a aprender una profesión? ¿Y una profesión no es algo responsable y respetable? Pero las artes no son una *profesión* a la manera convencional. No hay seguridad laboral en la creación y nunca la habrá.

Endeudarse hasta las cejas para convertirse en creador, por tanto, puede transformar en carga y fuente de estrés algo que debería ser disfrute y liberación. Y después de haber invertido tanto en su educación, los artistas que no tienen éxito profesional de inmediato (y esos son la mayoría) pueden sentirse fracasados. La sensación de haber fracasado puede afectar negativamente su confianza en su capacidad creativa, tal vez incluso llevarlos a dejar de crear por completo. Entonces se encuentran en la terrible situación de tener que enfrentarse no sólo a la sensación de vergüenza y fracaso, sino también a abultadas facturas mensuales que les recordarán para siempre su humillación y su fracaso.

Por favor, entiende que no estoy en absoluto en contra de los estudios de posgrado; de lo que estoy en contra es del endeudamiento desorbitado, en especial para aquellos que quieren llevar una vida creativa. Y en los últimos tiempos (por lo menos aquí, en Estados Unidos) el concepto de educación de posgrado se ha convertido prácticamente en sinónimo de deuda incapacitante. Nadie necesita estar endeudado, menos un artista. Así que procura no caer en esa trampa. Y si ya has caído en ella, intenta salir con todos los medios a tu alcance y lo antes posible. Libérate de manera que puedas vivir y crear con mayor libertad, tal y como estás diseñado por naturaleza para hacer.

Lo que te estoy diciendo es: Preocúpate de ti mismo.

Preocúpate de salvaguardar tu futuro, pero también tu cordura.

PRUEBA ESTO OTRO

En lugar de pedir préstamos para hacer un posgrado artístico, prueba quizá a adentrarte más en el mundo, a explorar con mayor valentía. O a adentrarte y explorarte a ti mismo con mayor coraje. Haz un inventario sincero de la formación que *ya* tienes: los años que has vivido, las penalidades que has sufrido, las destrezas que has adquirido por el camino. ("No explores ya más desde el libro de texto", nos advirtió Walt Whitman, y estoy con él: hay muchas maneras de aprender que no pasan necesariamente por un aula). Y siéntete libre de empezar a compartir tu punto de vista a través de la creatividad, incluso si no eres más que un niño. Si eres joven, verás las cosas de manera distinta de como las veo yo, y quiero saber cómo las ves. Todos queremos. Cuando miremos tu obra (sea la que sea), querremos sentir tu juventud, esa frescura que te da ser un recién llegado. Sé generoso con nosotros y déjanos sentirla. Después de todo, para muchos ha pasado ya demasiado tiempo desde que estuvimos donde tú estás ahora.

Si eres mayor, confía en que el mundo ha estado educándote desde el principio. Sabes muchas más cosas de las que crees. No estás acabado, lo que estás es *preparado*. Pasada cierta edad, con independencia de a qué hayas dedicado tu tiempo, es más que probable que tengas un doctorado en vivir. Si sigues aquí, si has sobrevivido tanto tiempo, es porque sabes cosas. Necesitamos que nos reveles lo que sabes, lo que has aprendido, lo que has visto y sentido. Si eres mayor, hay muchas probabilidades de que ya tengas todo lo que hace falta para vivir una vida más creativa, con excepción de la confianza para ponerte a hacer tu trabajo. Pero necesitamos que lo hagas.

Ya seas joven o viejo, necesitamos tu trabajo para que enriquezca e ilumine nuestras vidas.

Así que toma tus inseguridades y tus miedos, sujétalos cabeza abajo, por los tobillos y dales una buena sacudida. Libérate de todas esas ideas engorrosas sobre lo que deberías tener (y sobre cuánto tendrás que pagar por ello) para convertirte en alguien legítimamente creativo. Porque te digo que *ya* eres legítimamente creativo sólo por el hecho de existir, de estar aquí entre nosotros.

GRANDES MAESTROS

Quieres estudiar con los grandes maestros, ¿es eso?

Bien, pues los encontrarás en todas partes. Viven en los estantes de tu biblioteca; viven en las paredes de los museos; en grabaciones hechas hace décadas. Tus maestros ni siquiera necesitan estar vivos para educarte de manera magistral. Ningún escritor vivo me ha enseñado más sobre argumento y caracterización de personajes que Charles Dickens, y no hace falta decir que nunca he quedado con él en horario de oficina para charlar del asunto. Para aprender de Dickens, me bastó dedicar años a estudiar sus novelas yo sola como si fueran sagradas escrituras, y luego a practicar como loca por mi cuenta.

Los aspirantes a escritores tienen suerte, en cierta medida, porque escribir es un asunto privado (y barato), y siempre lo ha sido. Con otros intereses creativos, he de admitir que la cosa se complica y puede ser más cara. Una formación estricta, supervisada, puede resultar esencial si quieres ser, por ejemplo, cantante de ópera profesional o violonchelista. Durante siglos la gente ha estudiado en conservatorios de música, o de danza o en academias artísticas. Con el tiempo, de estos centros han salido muchos creadores maravillosos. Pero muchos otros creadores maravillosos no salieron de ahí. Y muchas personas con talento adquirieron toda esa magnífica educación, pero nunca la pusieron en práctica.

Por encima de todas las cosas, está la siguiente verdad: da igual lo grandes que sean tus maestros, da igual lo prestigiosa que sea la reputación de tu academia. Llegará un momento en que tendrás que ponerte a trabajar. Llegará un momento en que los profesores no estarán allí. Las horas que dediques a practicar, a estudiar, a presentarte a pruebas y a crear dependerán sólo de ti.

Cuanto antes y más apasionadamente te hagas a esta idea —*y eso depende por completo y en última instancia de ti*—, mejor te irá.

Los Chicos Gordos

Esto es lo que hice con veinte años en lugar de ir a la universidad para aprender a escribir: conseguí un trabajo de camarera en una cafetería.

Más tarde también trabajé en la barra de un bar. Y de *au pair*, profesora particular, bracera en un rancho, cocinera, profesora, vendedora en un mercadillo y dependienta en una librería. Vivía en apartamentos baratos, no tenía coche, y me vestía con ropa de segunda mano. Hacía todos los turnos que podía, ahorraba todo el dinero que ganaba y luego me dedicaba un tiempo a viajar para aprender cosas. Quería conocer gente, oír sus historias. A los escritores se les dice que escriban de lo que conocen, y yo lo único que sabía era que aún no sabía gran cosa, así que emprendí una búsqueda deliberada de material. Trabajar en la cafetería fue genial porque tenía acceso a docenas de voces distintas cada día. Llevaba dos libretas en los bolsillos de atrás, una para apuntar lo que pedían los clientes y otra para anotar sus conversaciones. Trabajar en el bar fue aún mejor, porque los personajes a menudo estaban algo bebidos y en consecuencia hablaban con mayor desinhibición de sus vidas (en la barra del bar aprendí no sólo que todos tienen una historia que te puede dejar sin respiración, sino también que todos quieren contarla).

Mandé mi trabajo a varias revistas y empecé a coleccionar cartas de rechazo. Seguí escribiendo, a pesar de los rechazos. Trabajaba afanosa en mis relatos, sola en mi habitación; también en estaciones de tren, en huecos de escaleras, en bibliotecas, en parques y en los apartamentos de amigos, novios y familiares diversos. Mi intención era pasarme toda la vida en comunión con la escritura, punto (y la gente de mi familia es de lo más longeva —¡tengo una abuela de ciento dos años!—, así que supuse que los veintitantos era demasiado pronto para empezar a agobiarme porque se me acabara el tiempo). Así las cosas, los editores podían rechazarme todo lo que quisieran; no pensaba irme a ninguna parte. Cada vez que recibía una de esas cartas, le daba permiso a mi ego para decir en voz alta: "¿Creen que podéis asustarme? ¡Tengo ochenta años por delante para dar guerra! ¡Hay personas que me rechazarán algún día *y ni siquiera han nacido aún...* Con eso se hacen una idea de todo el tiempo que voy a seguir al pie del cañón!"

Luego guardaba la carta y volvía al trabajo.

Decidí tomarme el juego de las cartas de rechazo como si fuera un gran partido de tenis cósmico. Alguien me mandaba una carta rechazando mi trabajo y yo la devolvía como si fuera una pelota en forma de nuevo ofrecimiento esa misma tarde. Mi política era: "Tú me la tiras y yo la devuelvo directamente al universo".

Sabía que tenía que hacerlo así porque nadie más iba a defender mi obra. No tenía promotor, ni agente ni patrocinador ni contactos (no sólo no conocía a nadie que trabajara en el mundo editorial, apenas conocía a nadie que tuviera *un trabajo*). Sabía que nadie iba a llamar a la puerta de mi apartamento y decir: "Tenemos entendido que vive aquí una autora inédita de mucho talento y nos gustaría ayudarla a prosperar en su carrera profesional". No, tenía que presentarme a mí misma y eso hice. Lo hice una y otra vez. Recuerdo tener la sensación muy clara de que nunca conseguiría vencer la resistencia de aquellos guardianes sin rostro ni nombre de la puerta que yo asediaba sin descanso. Era posible que nunca se rindieran. Era posible que nunca me dejaran pasar. Era posible que no tuviera nada que hacer.

Daba igual.

De ninguna manera iba a renunciar a mi trabajo sólo porque "no funcionara". No se trataba de eso. La recompensa no vendría de resultados externos, eso lo sabía. La recompensa tenía que venir de la felicidad de conseguir escribir lo que quería escribir y de la convicción interior de que había elegido el camino de mi vocación y le estaba siendo fiel. Si tenía la suerte de conseguir que me pagaran por mi trabajo, sería estupendo, pero mientras tanto, el dinero podía sacarlo de otras partes. Hay muchos sitios en este mundo donde ganarse el sustento; yo probé muchos de ellos y siempre salí adelante.

Era feliz. Era una completa doña nadie y era feliz.

Ahorraba lo que ganaba, viajaba y tomaba notas. Fui a las pirámides de México y tomé notas. Cogí autobuses a los barrios periféricos de Nueva Jersey y tomé notas. Fui a Europa del Este y tomé notas. Fui a fiestas y tomé notas. Fui a Wyoming a trabajar de pinche de cocina en un rancho y tomé notas.

En algún momento de la veintena reuní a unos cuantos amigos que también querían ser escritores y montamos un taller. Nos reunimos dos veces al mes durante varios años y leíamos fielmente los trabajos de los demás. Por razones que han quedado en el pasado, nos llamábamos "los Chicos Gordos". Era el taller literario más perfecto del mundo, o al menos nosotros lo veíamos así. Nos habíamos seleccionado los unos a los otros con mucho cuidado, excluyendo así a esos aguafiestas y mandones que suelen aparecer en muchos talleres literarios para aplastar los sueños de otras personas. Nos fijábamos plazos de entrega y nos animábamos los unos a los otros a enviar nuestro trabajo a editoriales. Llegamos a conocer bien las voces y obsesiones de cada uno y nos ayudábamos a superar nuestros obstáculos específicos y más habituales. Comíamos pizza y nos reíamos.

El taller de los Chicos Gordos fue productivo, inspirador y divertido. Era un lugar seguro en el que ser creativo, vulnerable, intrépido…, y era total y absolutamente gratis (excepto por la pizza, claro. Pero, vamos, que ya sabes por dónde voy, ¿verdad? ¡Pues, ándale! ¡Tú también puedes hacerlo!).

Werner Herzog 'dixit'

Tengo un amigo en Italia que es cineasta independiente. Hace muchos años, cuando era un joven airado, escribió una carta a su ídolo, el gran director alemán Werner Herzog. Mi amigo se sinceró por completo en aquella carta quejándose con Herzog de lo mal que le iba profesionalmente, de que a nadie le gustaban sus películas, de lo difícil que se había vuelto rodar en un mundo donde a nadie le interesa el cine, donde todo es tan caro, donde no hay dinero para la cultura, donde los gustos del público han derivado hacia lo vulgar y lo comercial…

Si lo que buscaba era compasión, mi amigo se había confundido de persona (aunque por qué alguien

acudiría precisamente a Werner Herzog en busca de
un hombre en el que llorar es algo que escapa por
completo a mi comprensión). En cualquier caso,
Herzog le envió a mi amigo una larga carta feroz
y desafiante en la que venía a decirle más o menos lo
siguiente:

> Deje de quejarse. El mundo no tiene la culpa de
> que usted decidiera ser artista. El mundo no
> tiene la obligación de disfrutar de las películas
> que usted hace y desde luego no tiene la obli-
> gación de financiar sus sueños. A nadie le inte-
> resa oírle. Robe una cámara si es preciso, pero
> deje de lloriquear y vuelva al trabajo.

(Me acabo de dar cuenta de que en esta anécdota Werner Herzog hace básicamente el papel de mi
madre. ¡Qué maravilla!).

Mi amigo enmarcó la carta y la colgó encima
de su mesa, como debía ser. Porque aunque el consejo de Herzog podía parecer una reprimenda, no
lo era; era un intento de liberación. Creo que es un
acto de amor muy poderoso recordarle a alguien
que puede conseguir cosas por sí mismo, que el
mundo no le debe automáticamente recompensa

alguna y que no es tan débil ni está tan indefenso como cree.

Recordatorios como estos pueden parecer bruscos y a menudo no queremos oírlos, pero aquí es cuando entra en juego la sencilla cuestión del respeto a uno mismo. Hay algo maravilloso en animar a alguien a encontrarse por fin con el respeto a sí mismo, sobre todo cuando se trata de crear algo nuevo y magnífico.

Esa carta, por lo tanto..., era la autorización escrita que necesitaba mi amigo.

Así que volvió al trabajo.

EL TRUCO

Por lo tanto, sí, hay truco: deja de quejarte.

Confía en mí cuando te digo esto. Confía también en Werner Herzog. Son muchas las buenas razones para dejar de quejarte si quieres llevar una vida más creativa.

En primer lugar, resulta molesto. Todos los artistas se quejan, así que es un tema visto y aburrido (a juzgar por el volumen de quejas que sale de una clase de escritura creativa, uno pensaría que a esas personas las ha obligado a seguir su vocación un dictador malvado en lugar de haber elegido su trabajo libremente y porque se lo dictaba el corazón).

En segundo, *por supuesto* que crear cosas es difícil; de no serlo, todo el mundo lo haría y no tendría nada de especial ni de interesante.

En tercero, la realidad es que ninguno hacemos caso de las quejas de los demás porque estamos demasiado centrados en nuestra lucha sagrada, así que más o menos le estás hablando a una pared.

Lo cuarto y más importante es que *estás ahuyentando la inspiración*. Cada vez que te quejas de lo difícil y cansado que es ser creativo, la inspiración da un paso más para alejarse de ti, ofendida. Es casi como si levantara las manos y dijera: "¡Perdona, colega, no sabía que mi presencia te resultara tan pesada! Me voy con la música a otra parte".

He presenciado este fenómeno toda mi vida cada vez que he empezado a quejarme. He sentido cómo mi autocompasión le cierra la puerta en las narices a la inspiración y la habitación de pronto parece fría, pequeña y vacía. Así las cosas, emprendí este camino muy joven: empecé a decirme a mí misma que *disfrutaba con mi trabajo*. Proclamé que disfrutaba de todos los aspectos de mi esfuerzo creativo: el tormento y el éxtasis, el éxito y el fracaso, la dicha y la vergüenza, las fases de sequía, las dificultades y los traspiés y la confusión y la estupidez.

Incluso me atreví a decirlo en voz alta.

Le dije al universo (y a todos los que quisieron escucharme) que me había comprometido a llevar una vida creativa, no para salvar al mundo, no como un acto de protesta, no para hacerme famosa, no para entrar en el canon, no para desafiar el sistema, no para que se enteraran esos personajes, no para demostrar a mi familia que me merecía triunfar, no a modo de profunda catarsis emocional…, sino porque *me gustaba.*

Así que prueba a decir esto: "Disfruto de mi creatividad".

Y cuando lo digas, asegúrate de pensarlo.

Que sepas que la gente se escandalizará. Estoy convencida de que disfrutar con toda el alma del trabajo que hace uno es la única postura de verdad subversiva que a estas alturas puede adoptar una persona creativa. Es un acto verdaderamente estúpido, porque casi nadie se atreve a hablar en voz alta del disfrute creativo por miedo a que lo tomen en serio como artista. Así que dilo. Sé el *friki* que se atreve a disfrutar con lo que hace.

Lo mejor de todo, sin embargo, es que al decir que te encanta tu trabajo atraerás a la inspiración. La inspiración agradecerá oír esas palabras de tu boca porque la inspiración —como todos nosotros— agradece sentirse valorada. La inspiración tendrá noticia de tu disfrute y mandará ideas a tu puerta como recompensa a tu entusiasmo y lealtad.

Ideas a raudales.

Suficientes para diez vidas.

ENCASILLAR

Alguien me dijo el otro día: "Dices que todos podemos ser creativos, pero ¿no hay enormes diferencias de talento y habilidad innatos entre las personas? Vamos, que todos podemos cultivar alguna forma de arte, pero sólo unos pocos podemos llegar a ser grandes, ¿o no?"

No lo sé.

Y para serte sincera, chico, ni siquiera me importa.

No quiero ni molestarme en pensar en la diferencia entre alta y baja cultura. Como alguien se ponga a perorar sobre la distinción académica entre magisterio verdadero y mera artesanía soy capaz de quedarme dormida en la silla. Desde luego no estoy dispuesta a anunciar convencida que tal persona está destinada a convertirse en alguien importante mientras que esa otra debería renunciar.

¿Cómo voy a saber algo así? ¿Cómo va a saberlo nadie? Es todo de lo más subjetivo y, en cualquier caso, he conocido a personas con mucho talento que no han creado nada de nada. Por otra parte, hay personas a las que descarté arrogantemente y más tarde me dejaron atónita con la profundidad y la belleza de su trabajo. Ha sido toda una lección de humildad que me ha dejado clara mi incapacidad para juzgar el potencial de nadie o para descartar a nadie.

Te ruego que no pierdas el tiempo con esta clase de definiciones y distinciones, ¿de acuerdo? Sólo servirán para desanimarte y preocuparte y necesitamos que estés lo más ligero y liberado mentalmente posible para seguir creando. Ya pienses que tienes talento o que eres un perdedor, haz lo que tengas que hacer y luego enséñaselo al mundo. Que los demás te encasillen como mejor les convenga. Porque te encasillarán, es algo que la gente *necesita* hacer para sentir que ha organizado el caos de la existencia siguiendo alguna clase de criterio reconfortante.

Así pues, la gente te pondrá toda clase de etiquetas. Te llamarán genio, impostor, quiero y no puedo, venido a menos, aficionado, segundón, joven promesa o maestro de la reinvención. Es posible que te halaguen o que te critiquen. Es posible que digan que no eres más que un simple escritor de género, o un simple ilustrador de cuentos infantiles, un simple fotógrafo comercial, un simple actor de compañía municipal, un simple cocinero aficionado, un simple músico de fin de semana, un simple artesano, un simple pintor paisajista, o un simple lo que sea.

No tiene la más mínima importancia. Deja que las personas tengan sus opiniones. Es más, deja que las personas *se enamoren* de sus opiniones lo mismo que tú estás enamorado de las tuyas. Pero que nunca te lleven a engaño: no necesitas la bendición (ni siquiera la simpatía) de nadie para hacer tu labor creadora. Y recuerda siempre que los juicios que otros hagan sobre ti no son asunto tuyo.

Por último, recuerda lo que decía W. C. Fields sobre este tema: "Lo que importa no es lo que te llamen, sino lo que contestes tú".

Ahora que lo pienso, ni siquiera te molestes en contestar.

Sigue a lo tuyo.

LA CASA DE LOS ESPEJOS

Una vez escribí un libro que se convirtió por accidente en un éxito de ventas y durante unos cuantos años a partir de entonces fue como vivir en una casa de los espejos.

Nunca había sido mi intención escribir un gran *bestseller*, créeme. Sería incapaz de hacerlo si me lo propusiera (es más, he publicado seis libros, todos escritos con idénticos esfuerzo y pasión, y cinco de ellos no fueron ni mucho menos grandes superventas).

Desde luego, mientras escribía *Come, reza, ama* no tenía la sensación de estar creando la obra más grande e importante de mi vida. Sólo sabía que escribir algo tan personal era un cambio, y supuse que igual la gente se burlaría de mí por ser tan sincera. Pero aun así escribí ese libro por mis propias e íntimas razones, y también porque sentía curiosidad por comprobar si era capaz de trasladar mis experiencias emocionales al papel. Ni se me cruzó por la cabeza que mis pensamientos y sentimientos pudieran entrecruzarse tan intensamente con los pensamientos y sentimientos de tantas otras personas.

Para que veas hasta qué punto fue así: en el curso de los viajes de los que hablo en *Come, reza, ama,* me enamoré de ese brasileño llamado Felipe con el que ahora estoy casada y, llegado un momento, cuando llevábamos poco tiempo de cortejo, le pregunté si le importaba que escribiera de él en mi libro autobiográfico. Dijo:

"Bueno, depende. ¿Qué puede pasar?"

Y yo le contesté:

"Nada. Mis libros no se los lee nadie".

Resultó que ese libro lo leyeron doce millones de personas.

Y precisamente porque lo leyó tanta gente, y porque hubo tantas opiniones divergentes sobre él, en algún punto *Come, reza, ama* dejó de ser sólo un libro y se convirtió en otra cosa, en una pantalla gigante en la que millones de personas proyectaban sus emociones más intensas. Esas emociones iban desde el odio más absoluto a la adulación ciega. Recibía cartas que decían: "No te soporto" y otras que decían: "Has escrito mi biblia".

Imagina que hubiera intentado formular una definición de mí misma basada en cualquiera de estas reacciones. Ni siquiera lo intenté. Y esa es la única razón por la que *Come, reza, ama* no me apartó de mi camino de escritora, por mi convicción profunda y duradera de que los resultados de mi obra no tienen gran cosa que ver conmigo. Yo sólo estoy a cargo de producir la obra en sí y eso ya es bastante trabajo. Me niego a aceptar encargos adicionales, como, por ejemplo, controlar lo que piensa todo el mundo de ella una vez que sale de mi mesa.

Además, me di cuenta de que sería poco razonable e inmaduro por mi parte aceptar, que a mí se me permitiera tener voz para expresarme, pero a otras personas no. Si yo puedo hablar de mis verdades íntimas, entonces los críticos que reseñen mi libro también deben poder expresar las suyas. Lo que es justo es justo. Después de todo, si te atreves a crear alguna cosa y la presentas al mundo, existe la posibilidad de que despierte una reacción. Es el orden natural de las cosas: el eterno inhalar-exhalar; acción-reacción. Pero sin duda tú no eres responsable de la reacción, por muy estrafalaria que sea.

Un día, por ejemplo, una mujer se me acercó durante una firma de libros y me dijo:

"*Come, reza, ama* me cambió la vida. Me diste fuerzas para romper un matrimonio en el que era maltratada y liberarme. Y fue gracias a un momento concreto de tu libro, ese en el que cuentas que le pusiste una orden de alejamiento a tu exmarido porque estabas harta de su violencia y no ibas a seguir tolerándola".

¿Orden de alejamiento? ¿Violencia?

¡No me ha pasado ninguna de esas cosas! ¡Ni en mi libro ni en mi vida real! Ni siquiera se pueden adivinar entre líneas, pues nada hay más lejos de la verdad. Pero aquella mujer había insertado inconscientemente esa historia —su historia— en mi libro autobiográfico, supongo que porque lo necesitaba (puede que le fuera más fácil creer que su determinación y fuerza las había sacado de mí y no de sí misma). Con independencia de sus motivos emocionales, sin embargo, se había entretejido en mi historia y, al hacerlo, había borrado lo que yo contaba en ella en realidad. Por extraño que parezca, admito que estaba en su derecho de hacer una cosa así. Admito que esa mujer tiene el derecho divino a malinterpretar mi libro cuanto quiera. Después de todo, una vez que mi libro llegó a sus manos, todo lo que contiene pasó a pertenecerle a ella y no a mí.

Reconocer este hecho —que la reacción ya no te pertenece— es la única manera cuerda de crear. Si la gente disfruta con lo que has creado, fantástico. Si lo ignoran, mala suerte. Si malinterpretan lo que has creado, no te estreses. ¿Y qué pasa si lo odian? ¿Qué pasa si te atacan con salvaje ensañamiento e insultan tu inteligencia, desprecian tus motivaciones y arrastran tu reputación por el barro?

Pues pon tu sonrisa más encantadora y sugiéreles, lo más educadamente posible, eso sí, que se dediquen a cultivar su "gran" creatividad.

Y luego sigue con la tuya.

No éramos más que una banda

Y es que, a fin de cuentas, tampoco tiene tanta importancia.

Y es que, a fin de cuentas, *no es más que creatividad.*

O, como dijo una vez John Lennon refiriéndose a los Beatles: "¡No éramos más que una banda!"

Por favor, no me malinterpretes; adoro la creatividad (y por supuesto venero a los Beatles). He dedicado toda mi vida a la búsqueda de la creatividad y paso mucho tiempo animando a otras personas a hacer lo mismo porque creo que una vida creativa es la más maravillosa de las posibles.

Sí, algunos de mis momentos más trascendentes los he vivido durante episodios de inspiración, o mientras disfruto de la magnífica creación de otros. Y sí, estoy convencida de que nuestros instintos artísticos tienen un origen divino y mágico, pero eso no quiere decir que tengamos que tomárnoslo todo tan en serio porque, en resumidas cuentas, sigo pensando que esa expresión artística humana no es —por suerte y para nuestro alivio— esencial.

Y por eso me gusta tanto.

EL CANARIO EN LA MINA DE CARBÓN

¿Crees que me equivoco? ¿Eres una de esas personas que creen que las artes son la cosa más seria e importante del mundo?

Si es así, amigo mío, ha llegado el momento de decirnos adiós.

Mi vida es la prueba irrefutable de que las artes no importan tanto como en ocasiones nos empeñamos en creer. Porque, no nos engañemos: pocos trabajos hay que sean, objetivamente, menos valiosos para la sociedad que el mío. Di una profesión, cualquiera: profesor, médico, bombero, conservador de museo, techador, ranchero, guarda de seguridad, activista político, trabajadora sexual, incluso el siempre desprovisto de contenido "consultor". Todos son mucho más esenciales para el buen funcionamiento de la comunidad humana de lo que ha sido, o será nunca, un novelista.

Hubo una vez un diálogo en el programa de televisión *30 Rock* que destiló esta idea hasta dejarla en su núcleo irreductible. Jack Donaghy estaba burlándose de Liz Lemon porque era escritora y, por tanto, inútil para la sociedad, mientras ella intentaba defender su importancia fundamental.

"Jack: En un mundo postapocalíptico, ¿de qué le servirías a la sociedad?

"Liz: ¡De poeta errante!

"Jack: O sea, ¡de canario en una mina de carbón!

Creo que Jack Donaghy tenía razón, pero esta certeza no me resulta desalentadora. Al contrario, la encuentro apasionante. El hecho de que pueda dedicar mi vida a hacer cosas objetivamente inútiles quiere decir que *no* vivo en una antiutopía postapocalíptica. Quiere decir que no estoy encadenada al yugo de la mera supervivencia. Quiere decir que todavía queda espacio en la civilización para lujos tales como la imaginación, la belleza y la emoción. Incluso para la frivolidad total.

La creatividad pura es magnífica precisamente *porque* es lo contrario de todo lo demás en la vida que es esencial o inevitable (comida, techo, medicina, estado de derecho, responsabilidad comunitaria y familiar, enfermedad, pérdida, muerte, impuestos, etcétera). La creatividad pura es algo mejor que la necesidad; es un regalo. Es la cereza en el pastel. Nuestra creatividad es un dividendo adicional maravilloso e inesperado del universo. Como si todos nuestros dioses y ángeles se reunieran y dijeran: "Es duro ser hombre ahí abajo y lo sabemos. Así que toma estos placeres".

En otras palabras, no me desalienta lo más mínimo saber que mi vida es probablemente inútil.

Todo eso me da ganas de *jugar.*

ARRIESGAR MUCHO FRENTE A ARRIESGAR POCO

Por supuesto, llegados a este punto hay que decir que existen lugares oscuros y malvados en el mundo donde la creatividad de las personas no puede surgir de forma natural del impulso lúdico y donde la expresión personal tiene enormes y graves repercusiones.

Si resulta que eres un periodista disidente encarcelado en Nigeria, o un cineasta radical en arresto domiciliario en Irán, o una joven poeta oprimida que lucha por hacerse oír en Afganistán, o prácticamente cualquier cosa en Corea del Norte, entonces tu expresión creativa *sí* lleva aparejado un riesgo de vida o muerte. Hay personas ahí fuera que insisten con valentía y obstinación en seguir produciendo arte a pesar de vivir bajo regímenes totalitarios atroces, y esas personas son héroes y todos deberíamos inclinarnos ante ellas.

Pero seamos sinceros. Ésa no es la situación de la mayoría de nosotros.

En el mundo protegido en el que probablemente vivimos tú y yo, el riesgo que supone ser creador es *bajo*. Casi hasta extremos cómicos. Si a un editor no le gusta mi libro, es posible que no lo publique y eso me entristecerá, pero nadie va a presentarse en mi casa y pegarme un tiro por ello. De igual modo, nadie ha muerto porque yo tuviera una mala crítica en el *New York Times*. Los casquetes polares no van a tardar más o menos en derretirse porque yo no sea capaz de escribir un final convincente para mi novela.

Tal vez no siempre tenga éxito en mi creatividad, pero el mundo no se terminará por eso. Tal vez no sea siempre capaz de vivir de mi escritura, pero eso tampoco es el fin del mundo, porque hay muchas otras maneras de ganarse la vida además de escribiendo libros. Y aunque sin duda es cierto que el fracaso y las críticas pueden dañar mi precioso ego, no hay ningún país cuyo destino dependa de mi precioso ego (gracias a Dios).

Así que intentemos asimilar esta realidad: probablemente nunca se va a dar, ni en tu vida ni en la mía, nada parecido a "una emergencia artística".

Y puesto que así es, ¿por qué no dedicarnos al arte?

TOM WAITS 'DIXIT'

Hace años entrevisté al músico Tom Waits para una semblanza en la revista *GQ*. Ya he hablado de esta entrevista y probablemente lo seguiré haciendo para siempre, porque nunca he conocido a nadie tan elocuente y sabio sobre lo que significa vivir de forma creativa.

Durante la entrevista, Waits habló a capricho sobre todas las formas que adoptan las canciones cuando están a punto de nacer. Algunas, dijo, le vienen con una facilidad pasmosa, "como sueños bebidos con popote". Con otras, sin embargo, tiene que esforzarse más, como para "desenterrar patatas". Luego hay canciones que son viscosas y raras, "como un chicle pegado debajo de una mesa vieja", mientras que otras parecen aves salvajes a las que uno debe acercarse de refilón, de manera furtiva, para no ahuyentarlas y que echen a volar.

Pero las canciones más difíciles y presuntuosas sólo responderán a una mano firme y una voz autoritaria. Son canciones, dice Waits, que se niegan a dejarse traer al mundo y que pueden retrasar la grabación de un álbum entero. Cuando esto le ocurre, Waits echa a todos los músicos y técnicos de la sala de grabación para poder mantener una seria charla con esa canción tan terca. Se pone a caminar por el estudio diciendo en voz alta: "¡Escúchame! ¡Nos vamos de viaje! ¡Toda la familia está ya en el carro! ¡Tienes cinco minutos para subir, de lo contrario este disco se va sin ti!"

A veces funciona.

A veces no.

A veces tienes que abandonar. Algunas canciones no tienen verdadera intención de nacer todavía, dice Waits. Lo único que quieren es molestarte y hacerte perder tiempo, acaparar tu atención, quizá mientras esperan a que llegue otro artista. Ha aprendido a tomarse estas cosas con filosofía. Antes sufría y se angustiaba cuando perdía canciones, pero ahora *confía*. Si una canción tiene verdadera intención de nacer, confía en que llegará hasta él de la manera adecuada y en el momento oportuno. De lo contrario, le dice adiós sin guardarle rencor.

"Vete a darle la lata a otro", le dice a esa canción tan molesta que se resiste a ser. "Vete a darle la lata a Leonard Cohen".

Con los años, Tom Waits por fin ha aprendido a darse permiso a sí mismo para relacionarse con su yo creativo con más naturalidad, sin tanto teatro, sin tanto miedo. Mucha de esta naturalidad, dijo, le vino viendo crecer a sus hijos, observando la libertad absoluta de su expresión creativa. Se fijó en que sus hijos se sentían con pleno derecho de inventarse canciones todo el rato, y que cuando habían terminado con ellas las tiraban como si fueran "pequeñas figuras de origami o aviones de papel". Entonces se ponían a cantar la canción que les viniera a continuación. Nunca parecía preocuparles que el flujo de ideas pudiera agotarse. Nunca se estresaban acerca de su creatividad y jamás competían consigo mismos; se limitaban a vivir dentro de su inspiración, cómodos y sin hacerse preguntas.

Como creador, Waits había sido lo contrario de aquello. Me contó que durante su juventud había sufrido mucho con su creatividad porque —al igual que muchos hombres jóvenes y serios— quería ser considerado importante, transcendental, denso. Quería que su trabajo fuera mejor que el de los demás. Quería que fuera complejo e intenso. Hubo angustia, hubo tormento, hubo alcohol, hubo noches oscuras del alma. Se perdió en el culto al sufrimiento artístico, aunque él lo llamaba de otra manera, lo llamaba: dedicación.

Pero al ver a sus hijos crear con tanta libertad tuvo una revelación: en realidad no era para tanto. Me dijo: "Me di cuenta de que, como autor y compositor, lo único que hago en realidad es orfebrería para el interior de la mente de otras personas". La música no es más que decoración para la imaginación. Eso es todo. Darse cuenta de eso, dijo Waits, pareció facilitarle las cosas. Después de aquello, escribir canciones se volvió menos doloroso.

¿Orfebrería intracraneal? ¡Qué genial trabajo!

Es básicamente lo que hacemos todos… Todos los que pasamos los días haciendo, confeccionando cosas interesantes sin ningún motivo racional particular. Como creador, puedes diseñar cualquier tipo de joyería que te guste para la mente de otras personas (o para la tuya). Puedes hacer un trabajo que sea provocador, agresivo, sagrado, rompedor, tradicional, sincero, devastador, entretenido, brutal, imaginativo…, pero llegado el momento de la verdad, todo se reduce a orfebrería intracraneal. A decoración. Y eso es una gozada. Y, desde luego, no es algo por lo que nadie necesite hacerse daño, ¿de acuerdo?

Lo que estoy diciendo es que te relajes un poco.

Por favor, intenta relajarte.

Si no, ¿de qué sirve tener todos estos maravillosos sentidos?

La paradoja central

En conclusión, el arte no tiene ningún sentido.

Y al mismo tiempo tiene todo el sentido del mundo.

Eso es una paradoja, está claro, pero a ver, somos adultos y creo que podemos afrontarla. Creo que podemos defender dos ideas mutuamente excluyentes sin que nos explote la cabeza. Así que vamos a intentarlo. La paradoja con la que necesitas sentirte cómodo si quieres llevar una vida creativa satisfactoria vendría a decir más o menos esto: "La expresión de mi creatividad debe ser la cosa más importante del mundo para mí (si quiero llevar una existencia artística) y al mismo tiempo no debe importarme en absoluto (si quiero llevar una vida cuerda)".

En ocasiones necesitarás saltar de un extremo de este espectro paradójico al otro en cuestión de minutos. Mientras escribo este libro, por ejemplo, abordo cada frase como si el futuro de la humanidad dependiera de que la frase me salga bien. Me importa, porque quiero que sea muy bonita. Por tanto, todo lo que no sea un compromiso absoluto con esa frase sería negligente y deshonroso. Pero cuando edito mi frase —a veces nada más escribirla—, tengo que estar dispuesta a abandonarla a su suerte sin echar la vista atrás. (A no ser, claro, que decida que voy a necesitarla de nuevo después de todo, en cuyo caso tendré que desenterrar sus huesos, devolverla a la vida y considerarla sagrada una vez más).

Importa. / No importa.

Haz espacio en tu cabeza para esta paradoja. Haz todo el espacio que puedas.

Más todavía.

Lo vas a necesitar.

Y luego entra hasta el fondo en ese espacio —hasta el fondo he dicho— y ponte a hacer todo lo que necesites hacer.

No es asunto de nadie. Sólo tuyo.

4
Persistencia

Comprometerse

Cuando tenía unos dieciséis años me comprometí a ser escritora.

Lo que estoy diciendo es que *tomé los votos,* igual que una joven de naturaleza completamente distinta podría tomar los votos de monja. Claro que tuve que inventarme mi propia ceremonia, porque no existe un santo sacramento oficial para una adolescente que quiere convertirse en escritora, pero usé la imaginación y mi pasión y lo conseguí. Una noche me retiré a mi habitación y apagué todas las luces. Encendí una vela, me puse literalmente de rodillas y juré ser fiel a la escritura durante el resto de mi vida terrenal.

Mis votos fueron extrañamente específicos y, aún diría más, bastante realistas. No prometí que sería una escritora de éxito, porque intuía que el éxito no era algo que pudiera controlar yo. Tampoco prometí que sería una gran escritora, porque no sabía si lo sería. Ni me fijé ningún plazo para hacer mi trabajo, del tipo "si para cuando cumpla los treinta no he conseguido publicar nada, renunciaré a mi sueño y me dedicaré a otra profesión". De hecho, no puse condición ni restricción alguna en mi camino. Mi tiempo límite era: nunca.

Así que sólo le juré al universo que escribiría siempre, con independencia del resultado. Prometí que intentaría ser valiente y agradecida y que me quejaría lo menos posible. También prometí que nunca le pediría a la escritura que se ocupara de mí económicamente, sino que *yo siempre me ocuparía de ella;* es decir, nos mantendría a las dos por los medios que fueran necesarios. No pedí recompensas externas a mi dedicación; sólo quería pasar mi vida tan cerca de la escritura como me fuera posible —siempre cerca de la fuente de mi curiosidad y satisfacción— y estaba dispuesta a hacer cuantos preparativos fueran necesarios para conseguirlo.

APRENDIZAJE

Lo curioso es que respeté los votos. Los respeté durante años. Sigo haciéndolo. He roto muchas promesas en mi vida (incluida la que hice cuando me casé), pero esa no.

Los respeté hasta durante el caos de los veinte años, una etapa de mi vida en que fui vergonzosamente irresponsable en cualquier otro aspecto que se pueda imaginar. Pero a pesar de mi inmadurez, mi despreocupación y mi imprudencia, seguí respetando mi compromiso con la escritura con la devoción de un peregrino.

Entre los veinte y los treinta escribí todos los días. Durante un tiempo tuve un novio que era músico y practicaba todos los días. Él tocaba escalas, yo escribía pequeños pasajes de ficción. Era la misma idea: practicar tu arte, mantenerte cerca de él. En los días malos, cuando no estaba nada inspirada, ponía el temporizador de la cocina para que saltara a los treinta minutos y me obligaba a sentarme y garabatear algo, *lo que fuera*. Había leído una entrevista con John Updike en la que decía que algunas de las mejores novelas que existen han sido escritas a un ritmo de una hora cada día; supuse que siempre podría rascar al menos treinta minutos de alguna parte para dedicarme a mi trabajo con independencia de todo lo demás en mi vida o de lo mal que pensara que iba mi escritura.

Y, en líneas generales, mi escritura iba bastante mal. Lo cierto es que no tenía ni idea de lo que hacía. A veces me sentía como si estuviera intentando hacer esculturas de marfil con guantes de lana puestos. Todo me llevaba siglos. No tenía ni la destreza ni la dedicación necesarias. Podía tardar un año entero en terminar un cuento cortísimo. La mayor parte del tiempo lo que hacía era imitar a mis autores favoritos. Pasé por una fase Hemingway (¿quién no?), pero también por una Annie Proulx bastante importante y por otra Cormac McCarthy de la que me avergüenzo especialmente. Pero eso es lo que tienes que hacer al principio; todo el mundo imita antes de innovar.

Durante un tiempo traté de escribir como una novelista gótica sureña, porque me resultaba una voz narrativa mucho más exótica que mi sensibilidad de Nueva Inglaterra. No resulté una escritora sureña demasiado convincente, claro, pero es que nunca he vivido en el sur (después de leer uno de mis relatos, una amiga que sí es del sur de Estados Unidos me dijo, exasperada: "Hablas de hombres mayores sentados en un porche comiendo cacahuates ¡y en tu vida te has sentado en un porche a comer cacahuates! ¡Hay que tener valor!" Bueno, se intenta).

Aquello no tenía nada de fácil, pero eso era lo de menos. Nunca le había pedido a la escritura que fuera fácil; sólo que fuera *interesante*. Y siempre me resultaba interesante. Incluso cuando no me salía bien, seguía encontrándola interesante. Lo sigo haciendo. Ese profundo interés me hacía seguir trabajando, a pesar de no obtener resultados positivos tangibles.

Y, poco a poco, fui mejorando.

Una de las reglas más sencillas y generosas de la vida es que, si practicas, mejoras. Sea lo que sea. Por ejemplo: si de los veinte a los treinta me hubiera dedicado a jugar al baloncesto todos los días, a aprender repostería o a estudiar mecánica automovilística, seguramente a estas alturas se me darían muy bien los tiros libres, los cuernitos y las transmisiones.

Pero, en lugar de eso, aprendí a escribir.

UNA ADVERTENCIA

¡Todo esto no significa que, si no has empezado a cultivar tu creatividad a los veinte años ya sea demasiado tarde!

¡No, por Dios! Por favor, no saques esa conclusión.

Nunca es demasiado tarde.

Podría darte docenas de ejemplos de personas asombrosas que no empezaron a seguir su instinto creativo hasta más tarde —en ocasiones mucho más tarde— en la vida. Por razones de espacio te hablaré sólo de una de ellas.

Se llamaba Winifred.

La conocí en la década de 1990, en Greenwich Village. Nos presentaron en la fiesta de su noventa cumpleaños, que fue una auténtica juerga. Era amiga de un amigo mío (un chico de veintitantos años; Winifred tenía amigos de todas las edades y procedencias). Por entonces Winifred era bastante famosa en los alrededores de Washington Square. Era una auténtica leyenda bohemia que había vivido en el Village toda la vida. Tenía una larga melena pelirroja que se recogía con glamur en la coronilla, siempre iba envuelta en collares de cuentas de ámbar y su difunto marido (un científico) y ella habían pasado sus vacaciones persiguiendo tifones y huracanes por todo el mundo sólo para divertirse. En realidad, ella tenía bastante de huracán.

Winifred era la mujer más intensamente viva que yo había conocido hasta entonces, así que un día que andaba en busca de inspiración le pregunté: "¿Cuál es el mejor libro que has leído?"

Me dijo: "Cariño, no podría decirte uno solo, porque hay muchos libros que son importantes para mí. Pero sí puedo decirte cuál es mi *tema* favorito. Hace diez años empecé a estudiar la historia de la Mesopotamia antigua, se convirtió en mi pasión y déjame que te diga una cosa: *me ha cambiado la vida por completo*".

A mis veinticinco años, oír a una viuda decir que una pasión le había cambiado — ¡recientemente! — la vida fue una revelación. Fue uno de esos momentos en que casi podía *sentir* cómo mis horizontes se expandían, como si estuvieran estirándome el cerebro varios centímetros y fueran a entrar en él toda clase de nuevas ideas sobre cómo podía ser la vida de una mujer.

Pero a medida que supe más cosas de la pasión de Winifred, lo que más me sorprendió fue que se había convertido en una experta en la historia de la Mesopotamia antigua. Después de todo, había dedicado una década entera de su vida a ese campo de estudio y si te dedicas a algo a conciencia durante diez años (es el tiempo que se tarda en hacer dos másteres y un doctorado), terminarás convertido en un experto. Había estado en Oriente Próximo en varias excavaciones arqueológicas; había aprendido escritura cuneiforme; era amiga de los grandes expertos y conservadores especializados en el tema; no se había perdido una exposición o una conferencia en la ciudad. La gente la buscaba para que le diera respuestas sobre la Mesopotamia antigua porque ahora ella era la experta.

Yo era una mujer joven que acababa de terminar la universidad. Había aún una parte aburrida y limitada de mi imaginación que creía que mi educación se había terminado porque la NYU me había dado un título. Conocer a Winifred, sin embargo, me hizo darme cuenta de que tu educación no se termina cuando te dicen que se ha terminado; se termina cuando lo decides tú. Y Winifred, cuando era una niña de tan solo ochenta años, había decidido con firmeza que la suya aún *no se había terminado*.

Así pues, ¿cuándo puedes empezar a llevar una vida apasionada y creativa?

Cuando tú lo decidas.

EL CUBO VACÍO

Seguí trabajando.

Seguí escribiendo.

Seguí sin que me publicaran, pero no pasaba nada porque estaba recibiendo *una educación.*

El beneficio principal de mis años de trabajo disciplinado y solitario fue que empecé a identificar los patrones emocionales de la creatividad. O, más bien, empecé a identificar *mis* patrones. Me di cuenta de que mi proceso creativo tenía ciclos psicológicos y que estos eran casi siempre los mismos.

"Bien", aprendí a decir cuando, cosa inevitable, empezaba a descorazonarme con un proyecto pocas semanas después de empezarlo con gran entusiasmo. "Ésta es la parte en que me arrepiento de haber puesto en práctica la idea. Me acuerdo. Siempre paso por esta etapa".

O: "Ésta es la parte en que me digo a mí misma que nunca volveré a escribir una buena frase".

O: "Ésta es la parte en que me fustigo por ser una vaga y una fracasada".

O: "Ésta es la parte en que empiezo a tener fantasías terroríficas con lo malas que van a ser las críticas…, si es que esto se publica algún día".

O, una vez terminado el proyecto: "Ésta es la parte en que me angustio pensando que nunca más seré capaz de hacer nada".

A lo largo de años de abnegado trabajo, sin embargo, descubrí que si insistía en el proceso y no me dejaba llevar por el pánico, era capaz de superar cada etapa de ansiedad y pasar al nivel siguiente. Me daba ánimos recordándome que esos temores eran reacciones completamente humanas a la interacción con lo desconocido. Si lograba convencerme a mí misma de que se esperaba de mí que estuviera allí, de que *se espera* de nosotros que colaboremos con la inspiración y de que esa inspiración *quiere* trabajar con nosotros, entonces por lo general conseguía atravesar el campo de minas de mis emociones y terminar el proyecto sin saltar por los aires.

En momentos como esos casi podía oír a la creatividad hablar conmigo mientras me dejaba llevar por el miedo y la duda.

"*Quédate conmigo*", decía. "*Vuelve a mí. Confía en mí*".

Decidí confiar en ella.

Mi mayor expresión de obstinada alegría ha sido la perdurabilidad de esa confianza.

El premio Nobel Seamus Heaney hizo en una ocasión un comentario muy elegante sobre este instinto. Dijo que cuando uno está aprendiendo a escribir poesía no debe esperar que sea inmediatamente buena. El aspirante a poeta está siempre bajando la cubeta hasta la mitad de altura de un pozo y subiéndolo lleno de aire. La frustración es inmensa. Pero, a pesar de ello, tienes que seguir haciéndolo.

Después de muchos años de práctica, explicaba Heaney, "la cuerda se tensa de forma inesperada y tocas unas aguas a las que seguirás queriendo volver. Habrás roto la piel de tu propio estanque".

COMERSE LOS RETOS

Con veintipocos años tenía un amigo que era aspirante a escritor, como yo. Recuerdo que solía caer en oscuros estados depresivos por su falta de éxito, porque no conseguía publicar nada. Se enfurruñaba y rabiaba.

"No quiero sentarme a esperar", se lamentaba. "Quiero que todo esto sirva de algo. ¡Quiero que se convierta en mi *profesión!*"

Ya entonces me parecía que había algo que fallaba en su actitud.

Ojo, que a mí tampoco me publicaban, y yo también estaba hambrienta. Me habría *encantado* tener todo lo que mi amigo quería: éxito, recompensa, reconocimiento. Yo también sabía lo que eran la decepción y la frustración. Pero recuerdo pensar que aprender a sobrellevar la decepción y la frustración es parte del trabajo de un creador. Si quieres ser un artista de cualquier tipo, me parecía, la frustración forma parte del proceso; quizá hasta es un aspecto fundamental del trabajo. La frustración no es una interrupción del proceso, sino *el proceso* mismo. La parte divertida (aquella en que el trabajo no parece en absoluto un trabajo) es justo cuando estás creando algo maravilloso y todo va bien, a todo el mundo le encanta y estás volando muy alto. Pero los momentos así escasean. Uno no pasa de un momento de inspiración a otro. Cómo gestionas los intervalos entre esos momentos de inspiración cuando las cosas no van tan bien da la medida de tu compromiso con tu vocación y también dice hasta qué punto estás preparado para las peculiares exigencias de vivir creativamente. El verdadero trabajo es superar con entereza todas las fases de la creación.

Hace poco leí un blog espléndido de un escritor llamado Mark Manson, que decía que el secreto para encontrar tu propósito en la vida es contestar con total sinceridad a esta pregunta: "¿De qué sabor te gustan tus retos?"

Lo que Manson quiere decir es que todo emprendimiento, por maravilloso, emocionante y glamuroso que pueda parecer al principio, viene con su reto particular, con sus efectos secundarios. Tal y como escribe, con profunda sabiduría, Manson: "En algunos momentos todo es una mierda". La pregunta es: "¿Qué es lo que te apasiona *lo bastante* como para soportar los aspectos más desagradables del trabajo?"

Manson lo explica así: "Si quieres ser un artista profesional pero no estás dispuesto a ver cómo rechazan tu obra cientos, si no miles de veces, entonces estás acabado antes de empezar. Si quieres ser un pez gordo de la abogacía, pero no quieres semanas laborales de ochenta horas, entonces tengo malas noticias para ti".

Porque si amas y quieres algo lo bastante, sea lo que sea, entonces no te importará comerte el reto que trae consigo.

Si de verdad te gustan los niños, por ejemplo, entonces no te importará tener náuseas matutinas.

Si de verdad quieres ser ministro de la iglesia, te gustará escuchar los problemas de otras personas.

Si de verdad te gusta actuar, aceptarás las incomodidades y molestias de vivir en la carretera.

Si de verdad quieres conocer mundo, te arriesgarás a que te roben la cartera en un tren.

Si de verdad quieres practicar el patinaje artístico, te levantarás antes del amanecer en invierno para ir a la pista de hielo y patinar.

En su momento mi amigo aseguraba que quería ser escritor con toda su alma, pero luego resultó que no quería comerse el reto acompañante. Le encantaba escribir, sí, pero no *lo bastante* como para soportar la ignominia de no obtener los resultados que buscaba cuando los buscaba. No quería trabajar tan duro en nada si no le garantizaban cierto grado de éxito material tal y como él lo entendía.

Lo que, en mi opinión, significa que sólo quería ser escritor con la *mitad* de su alma.

Y, por supuesto, no tardó en abandonar.

Lo que me dejó mirando ávidamente su reto a medio comer con ganas de preguntar: "¿No te lo vas a terminar?"

Porque hasta ese punto me gusta mi trabajo. Hasta me *comería el reto de otro* si eso significara tener más tiempo para escribir.

TU TRABAJO DE DÍA

Durante todo el tiempo que estuve practicando para ser escritora, siempre tuve un trabajo de día.

Incluso cuando conseguí publicar no dejé mi empleo, por si acaso. De hecho, no dejé mi trabajo (o mis trabajos, debería decir) hasta que no hube escrito tres libros, todos los cuales fueron publicados por importantes editoriales y objeto de reseñas favorables en el *New York Times*. Uno incluso fue nominado a un National Book Award. Visto desde fuera, podía parecer que lo había conseguido. Pero no estaba dispuesta a correr riesgos, así que conservé mi empleo.

Hasta que no publiqué mi cuarto libro (¡nada menos que *Come, reza, ama,* por el amor del cielo!), no me permití dejar los otros trabajos y ser sólo escritora de libros.

Me aferré a esas otras fuentes de ingresos durante tanto tiempo porque nunca quise cargar a la escritura con la responsabilidad de financiar mi vida. Sabía que no podía pedirle eso a mi escritura porque, con los años, he visto a muchas personas asesinar su creatividad exigiendo a su arte que pagara las facturas. He visto a artistas arruinarse y volverse locos por insistir en que no son creadores legítimos a no ser que puedan vivir sólo de su creatividad. Y cuando ésta les falla (es decir, cuando no les da para pagar el alquiler), caen en el resentimiento, la ansiedad e incluso la bancarrota. Pero lo que es aún peor, a menudo dejan de escribir por completo.

Siempre me ha parecido cruel exigir un sueldo fijo a tu arte, como si la creatividad fuera un trabajo de funcionario, o un fideicomiso. Mira, si te las arreglas para vivir cómodamente de lo que ganas con tu inspiración, fantástico. Es el sueño de cualquiera, ¿no? Pero no permitas que ese sueño se convierta en pesadilla. Las exigencias económicas pueden suponer una gran presión para la naturaleza frágil y caprichosa de la inspiración. Tienes que ser inteligente a la hora de ganarte la vida. Decir que eres demasiado creativo para ocuparte de cuestiones económicas es infantilizarte, y te pido por favor que no te infantilices, porque eso es degradar tu espíritu (en otras palabras: cultivar tu creatividad con entusiasmo infantil puede ser muy bonito, *ser* infantil puede ser peligroso).

Otras fantasías infantiloides son, por ejemplo: soñar con casarse por dinero, soñar con heredar una fortuna, soñar con que te sacas la lotería y soñar con encontrar un "marido (o mujer) cómplice" que atienda todas tus necesidades prosaicas de manera que tú seas libre de comulgar con tu inspiración y de vivir para siempre en tu torre de marfil perfectamente resguardado de los engorros del mundo real.

¡Despierta ya!

Esto es el mundo, no un útero materno. Puedes cuidar de ti mismo a la vez que cuidas tu creatividad..., tal y como ha hecho la gente durante siglos. Es más, hay algo muy honorable en ser capaz de cuidar de uno mismo, y ese honor tendrá un eco poderoso en tu obra; la hará *más fuerte*.

Además, habrá temporadas en que puedas vivir de tu arte y temporadas en las que no. No tienes por qué ver esto como una crisis; es algo del todo natural en el flujo y la incertidumbre de la vida creativa. O tal vez asumiste un gran riesgo para seguir un sueño creativo y no tuviste suerte, y ahora tienes que trabajar por cuenta ajena durante un tiempo para ahorrar dinero hasta que llegue el momento de salir a perseguir el siguiente. Tampoco pasa nada. Hazlo y ya está. Pero gritar a tu creatividad, decirle: "¡Tienes que ganar dinero para mí!", equivale más o menos a gritar a un gato; no tiene ni idea de qué le estás diciendo y lo único que consigues es ahuyentarlo porque estás haciendo mucho ruido y poniendo una cara muy rara.

Me aferré a mis empleos tanto tiempo porque quería mantener mi creatividad libre y segura. Conservé fuentes de ingresos alternativas de modo que, cuando mi inspiración no fluyera, pudiera decirle, en tono tranquilizador: "Tranquila, colega. Tómate tu tiempo. Me encontrarás aquí cuando estés preparada". Siempre estaba dispuesta a trabajar duro para que mi creatividad pudiera tomárselo con calma. Al hacerlo, me convertí en mi propia mecenas; me convertí en mi propia cómplice.

Muchas veces he querido decir a artistas estresados o agobiados económicamente: "Simplifícate la vida, hombre, ¡y busca un trabajo!"

Tener un empleo no es ninguna deshonra. Lo que sí es una deshonra es espantar a tu creatividad exigiéndole que financie tu existencia. Por eso, cada vez que alguien me dice que va a dejar su trabajo para escribir una novela, me sudan un poco las manos. Por eso, cuando alguien me cuenta que su plan para dejar de estar endeudado es vender su primer guion, pienso: ¡uf!

Escribe esa novela, ¡sí! Intenta vender ese guion, ¡por supuesto! Espero de corazón que la fortuna te sonría y te colme de bienes. Pero no cuentes con la recompensa, te lo pido por favor..., por la sencilla razón de que esas recompensas son extremadamente raras y, con un ultimátum tan estricto, es muy posible que termines matando a tu creatividad.

Siempre puedes compaginar la dedicación a tu arte con un trabajo alimenticio. Es lo que hice yo mientras escribía tres libros, y si no llega a ser por la locura de *Come, reza, ama,* seguiría haciéndolo. Es lo que hacía Toni Morrison cuando se levantaba a las cinco de la mañana para trabajar en sus novelas antes de ir a su empleo de la vida real en una editorial. Es lo que hacía J. K. Rowling cuando era una madre soltera sin recursos luchando por salir adelante y además escribía. Es lo que hacía mi amiga Ann Patchett cuando trabajaba de camarera en TGI Fridays y escribía en sus horas libres. Es lo que hace una pareja muy ocupada que conozco —ambos son ilustradores, ambos tienen empleos a tiempo completo— cuando se levantan una hora antes de que sus hijos se despierten cada mañana, se sientan uno frente al otro en su pequeño despacho y dibujan en silencio.

Las personas no hacen estas cosas porque tengan tiempo y energía extra para ello. Lo hacen porque su creatividad les importa hasta tal punto que están dispuestas a hacer todo tipo de pequeños sacrificios por ella.

A no ser que procedas de la aristocracia terrateniente, es lo que hace *todo el mundo*.

DECORA TU BUEY

Así pues, durante gran parte de la historia de la humanidad la inmensa mayoría de las personas han cultivado su arte en momentos robados, usando retazos de tiempo prestado y a menudo además con materiales sisados y descartados. (El poeta irlandés Patrick Kavanagh lo expresa de maravilla: "Ved aquí / este esplendor creado / hecho por un individuo / a partir de un residuo").

Una vez conocí a un hombre en India cuya única posesión de valor era un buey. El buey tenía dos hermosos cuernos. Para festejar que tenía un buey, el hombre le había pintado un cuerno rosa y el otro azul turquesa. A continuación fijó con pegamento campanitas en cada una de las puntas, de manera que cuando el buey sacudía la cabeza, los cuernos rosa y turquesa brillante emitían un alegre tintineo.

Aquel hombre, trabajador y agobiado por la falta de dinero, tenía una única posesión de valor, pero la había embellecido al máximo usando todos los materiales a su alcance: un poco de pintura, una pizca de pegamento y unas campanillas. Como resultado de su creatividad, ahora poseía el buey más interesante del pueblo. ¿Por qué lo hizo? Pues *porque sí*. ¡Porque un buey decorado es mejor que un buey sin decorar, por supuesto! (algo que demuestra el hecho de que, once años más tarde, el único animal que todavía recuerdo de mi visita a aquella pequeña aldea indú es ese buey hermosamente engalanado).

¿Es ése el entorno ideal en el que crear? ¿Tener que hacer arte a partir de "residuos" y a ratos robados? En realidad no. O quizá *sí*. Tal vez da lo mismo, porque así es como se han hecho siempre las cosas. La mayoría de individuos nunca han tenido tiempo suficiente, nunca han tenido recursos suficientes y nunca han recibido apoyo suficiente, o mecenazgo, o recompensa…, y sin embargo insisten en seguir creando. Insisten porque les importa. Insisten porque se consideran creadores y necesitan serlo.

El dinero ayuda, eso está claro. Pero si el dinero fuera lo único que necesitan las personas para llevar vidas creativas, entonces los megarricos serían los pensadores más imaginativos, productivos y originales que hay y, sencillamente, no es así. Los ingredientes esenciales de la creatividad siguen siendo los mismos para todo el mundo: valor, encantamiento, permiso, persistencia, confianza..., y están al alcance de cualquiera. Lo que no quiere decir que vivir creativamente sea siempre fácil; sólo que siempre es *posible.*

Una vez leí una carta desgarradora que escribió Herman Melville a su buen amigo Nathaniel Hawthorne quejándose de que no encontraba tiempo para trabajar en su libro sobre la ballena porque "las circunstancias me empujan de aquí para allá". Melville decía que soñaba con un periodo indefinido para crear (lo llamaba "ese estado de ánimo sereno y fresco de la hierba cuando crece silenciosa en el que un hombre *debería* poder crear siempre"), pero esa clase de lujo no existía para él. Estaba arruinado, estaba agobiado y no conseguía encontrar las horas necesarias para trabajar en paz.

No conozco a ningún artista (con o sin éxito, aficionado o profesional) que no suspire por disponer de esa clase de tiempo. No conozco a ningún espíritu creativo que no sueñe con días apacibles y frescos de hierba creciendo en silencio en los cuales trabajar sin interrupción. Sin embargo, ninguno parece conseguirlo. O, si lo hacen (gracias a una beca, por ejemplo, o a la generosidad de un amigo, o a un programa de artista en residencia), el idilio es sólo temporal y la vida siempre terminará por entrar a raudales. Incluso las personas más creativas que conozco se quejan de que nunca consiguen sacar *todas* las horas que necesitan para dedicarse a la exploración ensoñadora, libre de presiones y creadora. Las exigencias de la realidad están siempre aporreando su puerta y molestándolas. En otro planeta, en otra vida, quizá esa clase de entorno apacible y paradisiaco de trabajo exista, pero aquí, en la tierra, rara vez.

Melville, por ejemplo, nunca consiguió tenerlo.

Y aun así se las arregló para terminar *Moby Dick*.

Ten una aventura

¿Por qué insiste la gente en crear con lo difícil, incómodo y a menudo insatisfactorio que es desde el punto de vista económico?

Insisten porque están enamorados.

Insisten porque su vocación les excita.

Déjame que te explique a qué me refiero con lo de "excitación".

¿Te has fijado en que las personas que tienen aventuras extramatrimoniales siempre parecen sacar tiempo para verse y tener relaciones sexuales apasionadas y transgresoras? Al parecer, da igual que esas personas tengan empleos a tiempo completo, familias a las que mantener. De alguna manera siempre se las arreglan para sacar tiempo para escabullirse a ver a su amante sin importarles las dificultades, los riesgos o el costo. Incluso si disponen sólo de quince minutos para estar juntos en el hueco de una escalera, los aprovecharán para darse el tiempo como si no hubiera un mañana (es más, el hecho de disponer de sólo quince minutos lo hará todo aún más excitante).

Cuando una persona tiene una aventura, no le importa perder horas de sueño o saltarse comidas. Hará los sacrificios que sean necesarios y derribará cuantos obstáculos haga falta para estar a solas con el objeto de su deseo y devoción... *porque le importa.*

Permítete enamorarte así de tu creatividad y mira a ver qué pasa.

Deja de tratar a tu creatividad como si fuera un matrimonio de muchos años, harto e infeliz (una tarea tediosa, una carga) y empieza a mirarlo con los ojos frescos de un amante apasionado. Incluso si sólo dispones de quince minutos en el hueco de una escalera a solas con tu creatividad, úsalos. Escóndete debajo de esa escalera ¡y date el lote con tu arte! (quince minutos dan para mucho, como bien sabe todo adolescente furtivo). Escabúllete y ten una aventura con tu Yo más creativo. Miente a todo el mundo sobre adónde vas en realidad a la hora del almuerzo. Invéntate un viaje de trabajo cuando en realidad te estás retirando secretamente a pintar, o a escribir poesía, o a dibujar los planos para el huerto orgánico de setas que quieres tener. Sea lo que sea lo que estás haciendo, ocúltaselo a tu familia y amigos. Escabúllete de la fiesta y vete a bailar solo en la oscuridad con tus ideas. Despiértate en plena noche para estar a solas con tu inspiración mientras nadie te mira. Ahora mismo no necesitas esas horas de sueño; ahora mismo puedes renunciar a ellas.

¿A qué más estás dispuesto a renunciar para estar a solas con tu amor?

No pienses en ello como una carga; piensa en ello como algo *sexi*.

TRISTRAM SHANDY 'DIXIT'

Intenta también que tu creatividad te encuentre sexi, alguien con quien merezca la pena pasar tiempo. Siempre me ha encantado eso de la novela *La vida y las opiniones del caballero Tristram Shandy,* obra del británico del siglo XVIII Lawrence Sterne, ensayista, novelista y amante de los placeres. En la novela, Tristram presenta la que me parece la cura ideal para el bloqueo del escritor: vestirse con las mejores galas y comportarse de manera principesca, atrayendo así ideas e inspiración gracias a un atuendo espectacular.

Concretamente esto es lo que Tristram dice hacer cada vez que se siente "estúpido"* bloqueado, o cuando sus pensamientos "brotan lenta y pesadamente y se me quedan pegados a la pluma". En lugar de quedarse sentado de mal humor, mirando impotente la página en blanco, se ponía en pie de un salto, cogía una hoja de rasurar nueva y se hacía un buen afeitado ("cómo es que Homero podía escribir con una barba tan larga es algo que ignoro"). Después

---

* Esta cita y las siguientes son de *La vida y las opiniones del caballero Tristam Shandy.* Traducción de Javier Marías, Alfaguara, Madrid, 1997. Libro IX, Capítulo trece *(N. de la T.).*

se entregaba a esta complicada transformación: "Me cambio de camisa, —me enfundo en una levita de mejor calidad, —ordeno que me traigan una última peluca que he comprado, —me pongo en el dedo mi anillo de topacio y, en una palabra, me visto con tanta elegancia como me sea posible—de la cabeza a los pies".

Así, hecho un galán, Tristram caminaba pavoneándose por la habitación y se presentaba al universo de la creatividad lo más atractivo posible y con aspecto de pretendiente arrebatador y tipo seguro de sí mismo. Un truco encantador, pero que además funcionaba. Tal y como él lo explica: "Un hombre no puede vestirse sin que al mismo tiempo sus ideas se vistan también; y si se viste como un caballero, sus ideas se aparecen ante su imaginación tan ennoblecidas como su propio aspecto".

Te sugiero que pruebes con este truco en casa.

Yo lo he hecho algunas veces, cuando me siento especialmente lenta y torpe, también cuando tengo la sensación de que mi creatividad me rehúye. Me miro en el espejo y digo con firmeza: "¿Cómo no va a rehuirte tu creatividad, Gilbert? ¿Tú te has visto?"

Así que me arreglo. Me quito ese horrendo coletero fruncido del pelo grasiento. Me quito el pijama maloliente y me doy una ducha. Me afeito, no la barba, pero por lo menos las piernas. Me pongo ropa decente. Me cepillo los dientes, me lavo la cara, me pinto los labios (y yo *jamás* me pinto los labios). Hago limpieza en mi mesa, abro una ventana y quizá incluso enciendo una vela aromática. Pero a veces ¡hasta me pongo perfume, por el amor de Dios! No me pongo perfume para salir a cenar, pero sí cuando intento reconquistar a mi creatividad (ya lo dijo Coco Chanel: "La mujer que no usa perfume no tiene futuro").

Siempre intento recordarme a mí misma que tengo una aventura con mi creatividad y me esfuerzo por presentarme ante la inspiración como alguien con quien pueda apetecer tener una aventura, no como alguien que lleva toda la semana vistiendo la ropa interior de su marido porque ha tirado la toalla. Me arreglo de arriba abajo ("de la cabeza a los pies", en palabras de Tristram Shandy) y vuelvo a ponerme manos a la obra. Siempre funciona. Lo juro por Dios, si tuviera una peluca del siglo XVIII recién empolvada como la de Tristram, a veces me la pondría.

Finge, y terminará por salirte solo. Ese es el truco.

Vístete para la novela que quieres escribir, sería otra manera de decirlo.

Seduce a la Gran Magia y siempre volverá a ti, de la misma manera que el cuervo vuela siempre hacia ese objeto brillante que gira.

MIEDO DE TACÓN ALTO

Una vez estuve enamorada de un joven de mucho talento —alguien que se consideraba un escritor mucho más brillante que yo— que con veintitantos años decidió que, después de todo, no se iba a molestar en intentar ser escritor porque su obra en la página nunca alcanzaba la exquisitez que tenía dentro de su cabeza. Le resultaba todo demasiado frustrante. No quería manchar el deslumbrante ideal que existía en su cabeza trasladando una versión torpe del mismo al papel.

Mientras yo trabajaba afanosa en mis desmañados y decepcionantes relatos, este joven de gran talento se negaba a escribir una palabra. Incluso trató de hacerme sentir avergonzada por empeñarme en escribir. ¿Es que los atroces resultados no me dolían ni ofendían? Lo que insinuaba con eso era que él poseía un sentido más prístino del discernimiento artístico. Ser vulnerable a imperfecciones, incluso a las suyas propias, le hería el alma. Sentía que había algo noble en su elección de no escribir nunca un libro si no podía ser un gran libro.

Decía: "Prefiero un fracaso bello a un éxito mediocre".

Yo ni de chiste.

La imagen de artista trágico que prefiere dejar la pluma antes que alcanzar sus impecables ideales no tiene nada de romántica. Elegir este camino no me parece heroico. Creo que es mucho más honesto seguir en el juego —incluso si salta a la vista que estás perdiendo— que dejar de participar debido a lo delicado de tu sensibilidad. Pero, para seguir en el juego, tienes que renunciar a tus ansias de perfección.

Así que hablemos un momento sobre perfección.

El gran novelista estadounidense Robert Stone dijo una vez en broma que tenía las dos peores cualidades imaginables en un escritor: era perezoso y era perfeccionista. Y es verdad, son dos fuentes seguras de letargo y sufrimiento. Si quieres llevar una vida creativa satisfactoria, no te interesa cultivar ninguno de esos atributos, créeme. Lo que te interesa es más bien lo contrario. Tienes que aprender a convertirte en alguien mediocre, pero profundamente disciplinado.

Empieza por olvidarte de ser perfecto. No tienes tiempo para eso y, en cualquier caso, la perfección es inalcanzable. Es un mito, una trampa, una rueda de hámster en la que rodarás hasta morir. La escritora Rebecca Solnit lo explica muy bien: "Somos muchos los que creemos en la perfección y eso estropea todo lo demás, porque lo perfecto no es sólo enemigo de lo bueno; también de lo realista, lo posible, lo divertido".

El perfeccionismo impide a las personas terminar su trabajo, sí, pero, lo que es aún peor, usualmente les impide *empezarlo.* Los perfeccionistas a menudo deciden de antemano que su producto final nunca va a ser satisfactorio, así que ni se molestan en ser creativos.

La gran trampa del perfeccionismo, sin embargo, es que se disfraza de virtud. En entrevistas de trabajo, por ejemplo, las personas en ocasiones proclaman su perfeccionismo como si fuera su punto fuerte, enorgulleciéndose de lo que les impide entregarse por completo a una existencia creativa. Llevan su perfeccionismo como si fuera un emblema de lo refinado de sus gustos y lo exquisito de sus estándares.

Yo lo veo de otra manera. Creo que el perfeccionismo no es más que una versión cara, de alta costura, del miedo. Creo que el perfeccionismo es miedo con zapatos de fiesta y abrigo de armiño, simulando ser elegante cuando en realidad está aterrorizado. Porque debajo de esa capa exterior brillante no hay más que una profunda angustia existencial que repite una y otra vez: "No soy lo bastante bueno y nunca lo seré".

El perfeccionismo es una trampa especialmente cruel para las mujeres que, en mi opinión, nos exigimos más en cuanto a rendimiento que los hombres. Son muchas las razones de por qué las voces y los puntos de vista de las mujeres no están mejor representadas en los campos de la creatividad. Parte de esa exclusión se explica por la misoginia de toda la vida, pero también es cierto que, demasiado a menudo, las mujeres mismas son las que se impiden a sí mismas participar. Refrenan sus ideas, sus aportaciones, su capacidad de liderazgo y sus talentos. Hay demasiadas mujeres que parecen creer que no están autorizadas a salir ahí fuera hasta que tanto ellas como su trabajo sean perfectos e imposibles de criticar.

Mientras tanto, y no quiero ofender a nadie, producir obras que están lejos de ser perfectas *rara vez disuade a un hombre* de participar en la conversación cultural global. Esto no lo digo a modo de crítica a los hombres, por cierto. *Me gusta* este atributo de ellos, su absurdo exceso de confianza, esa manera de decidir, con toda naturalidad: "A ver, estoy calificado para este trabajo en un 41 por ciento, ¡así que contrátenme!" Sí, en ocasiones los resultados son ridículos y desastrosos, pero en otras, por extraño que parezca, funciona. Un hombre que no parecía preparado para la tarea, que no parecía lo bastante bueno, se las arregla para desarrollar su potencial sólo por haber dado ese salto de fe.

Me gustaría que hubiera más mujeres dispuestas a dar ese salto.

Pero he visto a demasiadas hacer justo lo contrario. He visto a demasiadas mujeres brillantes y con talento decir: "Estoy calificada en un 99,8 por ciento para este trabajo, pero hasta que no haya conquistado ese poquito que me falta me voy a refrenar, para no correr riesgos".

No tengo *la menor idea* de dónde han sacado las mujeres la creencia de que necesitan ser perfectas para ser queridas o tener éxito (esta bien, por supuesto que lo sé. La hemos sacado de *todos y cada uno de los mensajes que nos ha enviado la sociedad.* ¡Gracias, historia de la humanidad!). Pero tenemos que romper con esa costumbre y sólo nosotras podemos hacerlo. Tenemos que entender que el impulso de ser perfectas es una corrosiva pérdida de tiempo, porque todo es susceptible de críticas. Da igual cuántas horas dediques a producir algo impecable, siempre habrá alguien que le saque un defecto (hay gente por ahí que sigue pensando que las sinfonías de Beethoven siguen siendo un poco…, como lo diría, *estridentes*). En algún momento hay que dar por terminado el trabajo y soltarlo tal como está…, aunque solo sea para poder ponerse a hacer otras cosas con alegría y determinación.

Que es de lo que se trata.

O al menos debería.

MARCO AURELIO 'DIXIT'

Hace tiempo que los diarios privados del emperador romano del siglo II Marco Aurelio son para mí fuente de inspiración. Este sabio gobernante-filósofo nunca tuvo la intención de que sus meditaciones fueran publicadas, pero me siento agradecida de que así sea. Me resulta estimulante observar a este hombre brillante de hace dos mil años a la búsqueda de nuevos alicientes para ser creativo, valiente y curioso. Su exasperación, sus intentos de autopersuasión me resultan de lo más contemporáneos (o quizá es que son eternos y universales). Lo oyes formularse las mismas preguntas que nos hacemos todos a lo largo de nuestras vidas: ¿Qué hago aquí? ¿Qué estoy llamado a hacer? ¿Cómo me estoy impidiendo a mí mismo hacer lo que de verdad quiero? ¿Cómo puedo ser fiel a mi destino?

Disfruto especialmente viendo a Marco Aurelio luchar contra su perfeccionismo de manera que pueda seguir trabajando en su escritura con independencia de los resultados. "Haz lo que la naturaleza te exige", se escribe a sí mismo. "Emprende tu cometido, si se te permite, y no repares en si alguien lo sabrá. No esperes *La República*, de Platón; antes bien, confórmate con progresar en el mínimo detalle, y recibe el resultado como si de una insignificancia se tratara".

Por favor, dime que no soy la única a la que le conmueve y anima que un filósofo romano legendario tuviera que recordarse a sí mismo que *no pasa nada si no consigues ser Platón*.

¡En serio, Marco Aurelio, no pasa nada!

Tú sigue trabajando.

Mediante el mero acto de crear algo —lo que sea— puedes sin darte cuenta producir algo magnífico, eterno o importante (como hizo, después de todo, Marco Aurelio, con sus *Meditaciones*). Por otro lado, puede que no. Pero si sientes la vocación de hacer cosas, entonces tienes que hacerlas, para así explotar al máximo tu potencial creativo, y también conservar la cordura. Tener una mente creativa, después de todo, es parecido a tener de mascota un *border collie*. Necesita hacer ejercicio, de lo contrario te causará una cantidad escandalosa de problemas. Da trabajo a tu mente, de lo contrario se buscará ella uno y es posible que no te guste lo que invente (comerse el sofá, escarbar un agujero en el suelo del cuarto de estar, morder al cartero, etcétera). He tardado años en aprender esto, pero resulta ser tan cierto que cuando no estoy dedicada a crear alguna cosa, entonces es probable que esté dedicada a destruir algo (a mí misma, mi relación o mi salud mental).

Estoy firmemente convencida de que todos necesitamos encontrar algo que hacer con nuestras vidas que nos impida comernos el sofá. Da igual que lo convirtamos o no en nuestra profesión, todos necesitamos una actividad que no sea prosaica y que nos saque de nuestro papel establecido y limitante en la sociedad (madre, empleado, vecina, hermano, jefe, etcétera). Todos necesitamos algo que nos ayude a olvidarnos de nosotros mismos un rato..., olvidarnos por un momento de nuestra edad, sexo, procedencia socioeconómica, deberes, fracasos, de todo lo que hemos perdido o echado a perder. Necesitamos algo que nos saque de tal manera de nosotros mismos que nos olvidemos de comer, de hacer pis, de cortar el césped, de guardar rencor a nuestros enemigos, de lamentarnos de nuestras inseguridades. La plegaria puede conseguir eso, las labores comunitarias también, el sexo, el ejercicio físico y casi seguro que el consumo de sustancias (aunque con resultados desastrosos), pero vivir creativamente también. Quizá ésta sea la gran bendición de la creatividad: al absorber nuestra atención de forma tan completa durante un plazo de tiempo breve y mágico, nos alivia temporalmente de la horrenda carga de ser quienes somos. Lo mejor de todo es que al final de nuestra aventura creativa tenemos un *souvenir*, algo que hemos *hecho*, algo que nos recordará para siempre nuestro encuentro breve pero transformador con la inspiración.

Eso son mis libros para mí: recuerdos de viajes que hice en los que conseguí (qué bendición) escapar de mí misma durante un ratito.

Existe el estereotipo de que la creatividad vuelve locas a las personas. Disiento. Lo que vuelve locas a las personas es *no* expresar su creatividad ("cuando saquéis lo que hay dentro de vosotros, esto que tenéis os salvará. Si no sacáis lo que hay dentro de vosotros, eso que tenéis dentro de vosotros os destruirá", Evangelio de Tomás). Saca, pues, lo que tienes dentro, ya sea un éxito o un fracaso. Hazlo con independencia de que el producto final (tu *souvenir)* sea una basura o una joya. Hazlo con independencia de que los críticos te adoren o te odien... También si nunca han oído hablar de ti y quizá no lo hagan. Hazlo sin que te importe si la gente te entiende o no.

No tiene que ser perfecto y tú no tienes que ser Platón.

No es más que un instinto, un experimento, un misterio, así que empieza.

Empieza por donde quieras. De ser posible, ahora mismo.

Y si da la casualidad de que la grandeza se cruza en tu camino, deja que te sorprenda trabajando duro.

Trabajando duro, y cuerdo.

NADIE PIENSA EN TI

Hace mucho, cuando era una joven insegura de veintitantos años conocí a una mujer lista, independiente, creativa y poderosa de setenta y tantos que me ofreció una perla de sabiduría maravillosa.

Me dijo: "De los veinte a los cuarenta años nos esforzamos por ser perfectos porque nos preocupa mucho lo que pensará la gente de nosotros. Luego cumplimos los cuarenta y los cincuenta y empezamos a ser libres porque decidimos que nos importa un bledo lo que los demás piensen de nosotros. Pero no se es completamente libre hasta que se llega a los sesenta y los setenta, cuando por fin comprendes esta verdad liberadora: *que nadie estaba pensando en ti*".

No lo hacen. No lo hacían. Nunca lo han hecho.

La mayor parte de las personas lo que hacen es pensar en sí mismas. No tienen tiempo de preocuparse de lo que estás haciendo, o de si lo estás haciendo bien porque están demasiado ocupadas con sus problemas. Es posible que te presten atención momentánea (si triunfas o fracasas de forma espectacular y pública, por ejemplo), pero esa atención pronto volverá a donde siempre ha estado: *a ellas mismas*. Y aunque darte cuenta de que no estás en las prioridades del orden del día de nadie puede resultar al principio solitario y terrible, es una idea también muy liberadora. Eres libre porque todos los demás están demasiado ocupados consigo mismos para preocuparse por ti.

Así que, anda, sé quien quieras ser.

Haz lo que quieras hacer.

Dedícate a lo que te fascine y te haga sentir vivo.

Crea lo que quieras crear y deja que sea extraordinariamente imperfecto, porque es muy probable que nadie se dé cuenta siquiera.

Y éso es *genial*.

MÁS VALE TERMINADO QUE BIEN HECHO

La única razón por la que persistí hasta terminar mi primera novela fue porque le permití ser descomunalmente imperfecta. Me obligué a seguir escribiéndola aunque desaprobaba por completo lo que estaba produciendo. Aquel libro estaba tan lejos de ser perfecto que me volvía loca. Me recuerdo aquellos años caminando por mi habitación, tratando de encontrar el valor necesario para volver a aquel mediocre manuscrito cada día, a pesar de lo horroroso que era, recordándome esta promesa: "¡Nunca prometí al universo que sería una *gran* escritora, maldita sea! ¡Solo le prometí que sería *escritora!*"

Cuando llevaba setenta y cinco páginas, estuve a punto de parar. Me parecía demasiado mala para seguir, me daba demasiada vergüenza. Pero luché contra mi sensación de bochorno sólo porque había decidido que me *negaba* a irme a la tumba con setenta y cinco páginas de un manuscrito inacabado en el cajón de mi mesa. No quería ser esa persona. El mundo ya está bastante lleno de manuscritos sin terminar, y no quería añadir otro a esa pila interminable. Así que, por mucho que apestara mi obra, tenía que persistir.

Tampoco dejaba de recordarme lo que solía decir mi madre: "Más vale terminado que bien hecho".

Le había oído ese refrán a mi madre continuamente mientras crecía. No se debía a que Carole Gilbert fuera una remolona. Al contrario, era asombrosamente trabajadora y eficaz, pero, por encima de todo, era pragmática. Después de todo, el mundo tiene un número de horas determinado. Un año tiene un número determinado de días, una vida un número determinado de años. Haces lo que puedes, lo más competentemente posible y en un plazo de tiempo razonable, y luego paras. Ya fuera fregar los platos o envolver regalos de Navidad, el pensamiento de mi madre estaba muy en la línea del del general George Patton: "Un buen plan ejecutado ahora sin miramientos es mejor que un plan perfecto ejecutado la semana que viene".

O, parafraseando: una novela decente escrita ahora sin miramientos es mejor que una novela perfecta escrita meticulosamente nunca.

También creo que mi madre comprendía esta idea tan radical: que el mero hecho de terminar algo es, de por sí, un logro bastante honorable. Y además escaso. Porque, las cosas como son, ¡la mayoría de la gente no termina las cosas! Mira a tu alrededor, hay pruebas por todas partes: *la gente no termina las cosas.* Emprenden proyectos ambiciosos con la mejor de las intenciones, pero luego se atascan en una ciénaga de inseguridad y dudas y dilemas..., y paran.

Así que si consigues terminar algo, ¡sólo terminarlo!, ya les llevas kilómetros de ventaja. Tal cual.

Dicho en otras palabras: tú tal vez quieras que tu trabajo sea perfecto. Yo sólo quiero que esté terminado.

EN DEFENSA DE LAS CASAS TORCIDAS

Podría sentarme contigo ahora mismo y repasar cada uno de mis libros, página por página, y contarte todos sus defectos. Sería una tarde de lo más aburrida para los dos, pero podría hacerlo. Te enseñaría todo lo que elegí no arreglar, cambiar, mejorar o sopesar. Podría enseñarte todos los atajos que tomé cuando no fui capaz de resolver de manera elegante un problema narrativo complejo. Podría enseñarte los personajes que maté porque no sabía qué otra cosa hacer con ellos. Podría enseñarte los saltos lógicos y las lagunas de documentación. Podría enseñarte la cinta adhesiva y las agujetas de zapatos que mantienen sujetos esos proyectos.

Pero, para ahorrar tiempo, déjame que te dé un único ejemplo representativo. En mi última novela, *La firma de todas las cosas,* hay un personaje poco y mal desarrollado. Resulta inverosímil de una manera bastante notoria (al menos eso creo yo) y su presencia es poco menos que un recurso al servicio del argumento. En el fondo de mi corazón sabía —incluso mientras lo estaba desarrollando— que no era un personaje conseguido, pero no sabía cómo construirlo mejor, como debería. Esperaba salirme con la mía. En ocasiones consigues salirte con la tuya. Tenía la esperanza de que nadie se diera cuenta. Pero entonces di el libro a leer a algunos lectores cuando todavía era un manuscrito y todos señalaron que el personaje no estaba bien.

Consideré la idea de intentar arreglarlo. Pero dar marcha atrás y ponerle remedio habría sido demasiado esfuerzo por muy poca recompensa. En primer lugar, arreglar ese personaje habría exigido añadir otras cincuenta o setenta páginas a un manuscrito que ya tenía setecientas, y llega un momento en que tienes que apiadarte de tus lectores y cortar. También me parecía demasiado arriesgado. Para solucionar este personaje habría tenido que desmantelar la novela hasta los primeros capítulos y volver a empezar. Y me daba miedo que si reconstruía la historia tan radicalmente, terminaría destruyendo un libro que ya estaba hecho, y que *ya era aceptable.* Sería como un carpintero que derriba una casa y la empieza de cero porque ha caído en la cuenta —una vez que el proyecto está casi terminado— de que los cimientos están desviados unos centímetros. Sí, por supuesto, una vez que se hubiera construido otra vez, los cimientos estarían más derechos, pero el encanto de la estructura original podría haber quedado destruido y meses de trabajo habrían resultado desperdiciados.

Decidí no hacerlo.

Resumiendo, había trabajado sin parar en esa novela durante cuatro años, le había dedicado enormes cantidades de esfuerzo, amor y fe y, dicho en pocas palabras, me gustaba tal y como estaba. Sí, no estaba todo completamente del derecho, pero las paredes eran fuertes, el tejado resistía, las ventanas abrían y, en cualquier caso, tampoco me molesta tanto vivir en una casa torcida (crecí en una casa torcida; son sitios que no están tan mal). Sentía que mi novela era un producto acabado interesante —quizá más interesante incluso por tener unos ángulos algo irregulares—, así que lo dejé estar.

¿Y sabes lo que pasó cuando presenté al mundo mi conscientemente imperfecto libro?

No mucho.

La Tierra no se desplazó de su eje. Los ríos no revirtieron su curso. Tuve algunas críticas buenas, algunas malas, algunas tibias. A algunas personas les encantó *La firma de todas las cosas,* a otras no. Un fontanero que vino un día a arreglarme el fregadero de la cocina vio el libro encima de la mesa y dijo: "Ya le digo yo, señora, que ese libro no va a vender nada. No con ese título". A algunas personas les habría gustado que la novela hubiera sido más corta; a otras, que hubiera sido más larga. Algunos lectores habrían preferido que la historia hubiera tenido más perros y menos masturbación. Unos pocos críticos mencionaron el personaje insuficientemente desarrollado, pero a nadie pareció molestarle demasiado.

En conclusión: un montón de gente opinó lo mismo de mi novela durante un momento y luego siguió con sus vidas, porque la gente está ocupada y tiene sus propias vidas que atender. Pero para mí escribir *La firma de todas las cosas* fue una experiencia apasionante desde el punto de vista intelectual y emocional, y el mérito de esa aventura creativa es algo que tendré siempre. Esos cuatro años de mi vida habían estado maravillosamente empleados. Cuando la terminé, la novela no era algo perfecto, pero aun así sentí que era mi mejor trabajo hasta la fecha, y me convencí de que era mejor escritora que antes de escribirla. No cambiaría un solo minuto de ese encuentro por nada.

Pero ese trabajo estaba terminado y había llegado el momento de centrar mi atención en algo nuevo, algo que también saldría al mundo como *aceptable*. Así es como siempre he hecho las cosas y como seguiré haciéndolas, mientras pueda.

Porque ése es el lema de los que son como yo.

Ese es el himno del Mediocre Disciplinado.

ÉXITO

Durante todos esos años en los que trabajé a conciencia tanto en mis empleos de día como en mis prácticas de escritura, sabía que no había ninguna garantía de que aquello fuera a funcionar.

Siempre supe que podría no conseguir lo que quería: ser una autora publicada. No todo el mundo se hace con una posición desahogada en el mundo de las artes. La mayoría de las personas no lo consiguen. Y aunque siempre he creído en el pensamiento mágico, tampoco era una niña. Sabía que desear algo no basta para que se haga realidad. A veces tampoco basta el talento. Ni la dedicación. Ni siquiera tener unos contactos profesionales increíbles, cosa que yo, por supuesto, no tenía.

Llevar una vida creativa es una empresa más extraña que otras más mundanas. En ella no sirven las reglas habituales. En la vida normal, si eres bueno en algo y trabajas duro, es probable que tengas éxito. En los trabajos de creación puede que no. O puede que tengas éxito una temporada y no vuelvas a tenerlo nunca. Es posible que te ofrezcan recompensas en bandeja de plata mientras alguien te quita la alfombra de abajo de los pies. Puedes ser adorado durante un tiempo y luego pasar de moda. Otras personas menos inteligentes que tú ocuparán tu puesto como preferidos de los críticos.

La diosa protectora del éxito creativo puede tener aspecto en ocasiones de vieja dama rica y caprichosa que toma decisiones de lo más estrafalarias respecto a quién merece sus favores. En ocasiones recompensa a charlatanes e ignora a personas con talento. Deja fuera de su testamento a quienes la han servido fielmente durante toda su vida y luego le regala un Mercedes a ese chico tan mono que una vez le cortó el césped. Cambia de opinión sobre las cosas. Intentamos comprender sus motivos, pero nos siguen siendo ocultos. Nunca tiene la obligación de justificarse ante nosotros. En pocas palabras, puede que la diosa del éxito creativo se te aparezca o puede que no. Así que quizá será mejor que no cuentes con ella ni vincules tu definición de felicidad personal a sus caprichos.

Mejor que te replantees tu definición de éxito y punto.

Por mi parte, decidí muy pronto concentrarme por encima de todo en mi dedicación al trabajo. Así mediría mi valía. Sabía que el éxito entendido a la manera convencional depende de tres factores:

talento, suerte y disciplina, y sabía que dos de ellos no estarían nunca bajo mi control. La aleatoriedad genética ya había determinado cuánto talento me había sido asignado y la aleatoriedad del destino decidiría mi porción de buena suerte. Lo único que podía controlar yo era mi disciplina. Cuando me di cuenta de eso, me pareció que lo mejor sería matarme a trabajar. Era la única carta con la que podía jugar, así que la jugué a conciencia.

Ojo, que quede claro que trabajar duro no garantiza *nada* en el campo de la creatividad (nada garantiza nada en el campo de la creatividad). Pero no puedo evitar pensar que la dedicación disciplinada es el mejor enfoque. Haz lo que te gusta y hazlo con seriedad y naturalidad al mismo tiempo. Al menos así sabrás que lo has intentado y que, sea cual sea el resultado, habrás seguido el camino más noble.

Tengo una amiga, aspirante de música, cuya hermana le hizo un día una pregunta bastante razonable: "¿Y qué pasa si no sacas nada de eso? ¿Qué pasa si te dedicas para siempre a tu pasión pero nunca te llega el éxito? ¿Cómo te sentirás entonces, después de haber desperdiciado toda tu vida para nada?"

La contestación de mi amiga también fue razonable: "Si no eres capaz de ver lo que *ya* estoy sacando de esto, entonces nunca podré explicártelo de manera que lo entiendas".

Y es que los sacrificios por amor no son sacrificios.

Profesión frente a vocación

Por estas razones (la dificultad, la impredecibilidad) siempre he disuadido a las personas de elegir la creatividad como profesión y lo seguiré haciendo porque, con escasas excepciones, los campos creativos suelen dar como resultado una porquería de carreras profesionales (si por "carrera profesional" entendemos algo que te sostiene económicamente de manera razonable y predecible, una definición de lo más sensata).

Incluso si te va bien en el campo de las artes, es probable que determinadas facetas de tu carrera profesional sigan siendo una porquería. Es posible que no te guste tu editor, o tu galerista, o tu batería, o tu director de fotografía. Puede que odies tu gira de promoción, o a tus admiradores más agresivos. Tal vez te moleste contestar las mismas preguntas una y otra vez durante las entrevistas. Quizá estés siempre enfadado contigo mismo por no estar a la altura de tus propias expectativas. Tú hazme caso: si quieres quejarte, nunca te faltarán motivos, incluso cuando parezca que la fortuna te sonríe.

Pero vivir creativamente puede ser una *vocación* maravillosa, si tienes la valentía, la persistencia necesarios y el amor para verlo así. Mi sugerencia es que esta es la única manera de abordar la creatividad y conservar la cordura al mismo tiempo. Porque nadie nos dijo nunca que sería fácil y cuando decimos que queremos llevar una existencia creativa estamos aceptando la incertidumbre por contrato.

Por ejemplo, ahora mismo todo el mundo está aterrorizado por lo mucho que están cambiando internet y las tecnologías digitales el mundo de la creación. Se preguntan si seguirá habiendo puestos de trabajo y dinero para los artistas que intentan prosperar en este mundo inestable. Pero recuerda que, mucho antes de que existieran internet y las tecnologías digitales, dedicarte a las artes ya era una elección profesional pésima. En 1989 nadie vino y me dijo: "Oye, chica: ¿sabes cómo se gana dinero? ¡Escribiendo!" Ni a mí ni a nadie, ni en 1989 ni en 1789 y tampoco lo dirán en 2089. Sin embargo, seguirá habiendo personas que quieran ser escritores porque aman su vocación. Seguirá habiendo pintores, escultores, músicos, actores, poetas, directores, acolchadores, tejedores, alfareros, sopladores de vidrio, artistas del metal, ceramistas, calígrafos, artistas de *collages,* escultores de uñas, bailarines de zuecos e intérpretes del arpa celta. Habrá personas que desoigan todo consejo razonable y se obstinen en seguir intentando hacer cosas que les gusten sin un motivo particular, como ha ocurrido siempre.

¿Y qué si a veces es un camino difícil? Sin duda.

¿Un camino que hace la vida interesante? El que más.

¿Y qué si sufrirás con los inevitables obstáculos y dificultades asociados a la creatividad? Esa parte, créeme cuando te lo digo, depende por completo de ti.

Dijo el alce

Déjame que te cuente una historia sobre perseverancia y paciencia.

Cuando tenía poco más de veinte años escribí un relato titulado *Elk Talk (Dijo el alce)*. Estaba basado en algo que me ocurrió cuando trabajaba de cocinera en un rancho en Wyoming. Una noche me quedé despierta hasta tarde contando chistes y bebiendo cerveza con algunos de los vaqueros. Estos tipos eran todos cazadores y terminamos hablando de reclamos, de las distintas técnicas para imitar cómo berrea el alce para atraer a las hembras. Uno de los vaqueros, Hank, confesó que hacía poco se había comprado una grabación en casete de bramidos de alce hecha por el máximo experto en berrea de la historia de la caza de este animal, un tipo llamado (y esto jamás se me olvidará) Larry D. Jones.

Por alguna razón —pudo ser la cerveza— aquello me pareció lo más divertido que había oído en mi vida. Me encantó que hubiera alguien en el mundo llamado Larry D. Jones que se ganaba la vida grabándose a sí mismo imitando los sonidos de apareamiento de los alces y me encantó que personas como mi amigo Hank compraran sus casetes para practicar sus bramidos. Convencí a Hank de que fuera a buscar la cinta explicativa e hice que la pusiera una y otra vez mientras me moría de risa. Lo que encontraba tan divertido no era sólo el sonido del alce (un chirrido que te taladra los oídos, como de poliestireno arañando poliestireno); también me encantaba la voz seria y nasal de Larry D. Jones repitiendo una y otra vez cómo hacerlo de manera correcta. Me pareció el colmo de la diversión.

Y luego, no sé cómo (bueno, sí, pudo ser la cerveza), se me ocurrió que Hank y yo debíamos salir a probarlo, debíamos adentrarnos en el bosque en plena noche con una radiocasetera y la cinta de Larry D. Jones para ver qué pasaba. Y lo hicimos. Fuimos borrachos, ofuscados y envalentonados dando tumbos por las montañas de Wyoming. Hank llevaba la radiocasetera al hombro y subió el volumen al máximo mientras yo me doblaba de risa al oír el sonido potente y artificial de un alce macho en celo —intercalado con la voz monótona de Larry D. Jones— resonando en todo.

No podíamos haber estado en peor sintonía con la naturaleza en ese momento, pero aun así, la naturaleza nos encontró. De pronto hubo un estampido de cascos (nunca había oído un estampido antes; es aterrador), a continuación un estruendo de ramas y entonces el alce más grande del mundo irrumpió en el claro y se quedó allí a la luz de la luna, a sólo unos metros de nosotros, resoplando y pateando el suelo y moviendo furioso su astada cabeza: "¿Qué macho rival ha osado hacer su grito de apareamiento en mi territorio?"

De pronto Larry D. Jones ya no nos parecía tan divertido.

A nadie se le ha pasado tan rápido una borrachera como a Hank y a mí en aquel momento. Habíamos estado bromeando, pero aquella bestia de más de trescientos kilos no bromeaba en absoluto. Estaba preparado para la guerra. Fue como si hubiéramos estado haciendo una pequeña sesión de espiritismo y, sin querer, invocado a un espíritu de los peligrosos. Habíamos estado jugando con fuerzas con las que no se debe y estas fuerzas habían decidido hacernos una visita.

Mi primer impulso fue hacer una reverencia temblorosa al alce y suplicar clemencia. El de Hank fue más inteligente: tirar el radiocasetera lo más lejos posible, como si estuviera a punto de explotar (cualquier cosa con tal de distanciarnos de la voz impostora que habíamos llevado con nosotros a aquel bosque real como la vida misma). Nos agachamos detrás de una roca. Miramos boquiabiertos y asombrados al alce mientras expulsaba nubes de aliento escarchado, buscando furioso a su rival, desgarrando la tierra bajo sus pezuñas. Cuando ves la cara de Dios, se supone que tiene que asustarte, y aquella criatura magnífica nos había asustado exactamente así.

Cuando por fin se marchó el alce, volvimos despacio al rancho sintiéndonos humildes y conmocionados y muy mortales. Había sido una experiencia *sobrecogedora* en todo el sentido de la palabra.

Así que escribí sobre ello. No conté esta historia exactamente, pero quería capturar aquella sensación ("humanos imberbes humillados por una visita de naturaleza divina") y usarla de punto de partida para algo serio e intenso sobre el hombre y la naturaleza. Quería coger esa experiencia personal electrizante y convertirla en un relato de ficción con personajes imaginarios. Me llevó muchos meses contar bien la historia, o al menos lo mejor que podía, habida cuenta de mi edad y mis destrezas. Cuando terminé de escribirla, la titulé *Elk Talk*. Luego empecé a enviarla a revistas con la esperanza de que alguien la publicara.

Una de las publicaciones a las que envié *Elk Talk* era la magnífica y ya desaparecida revista literaria *Story*. Muchos de mis héroes literarios —Cheever, Caldwell, Salinger, Heller— habían publicado en ella a lo largo de los años y yo también quería estar en sus páginas. Unas semanas más tarde llegó por correo la inevitable carta de rechazo. Pero ésta era muy especial.

Tienes que entender que dentro de las cartas de rechazo existen diversos grados para cubrir el espectro de la palabra *no*. No está sólo la fórmula estándar; también existe la carta de rechazo estándar con una nota personal brevísima garabateada al final, en caligrafía humana de verdad, que puede decir algo del tipo: *Interesante, pero ¡nos encaja!* Recibir esa pequeña migaja de reconocimiento puede resultar estimulante, y más de una vez en mi juventud me puse a dar saltos mientras graznaba a mis amigos: "¡Acabo de recibir una carta de rechazo *alucinante!*"

Pero esta en concreto era de la muy respetada redactora jefe de *Story*, Lois Rosenthal en persona. Su contestación era considerada y alentadora. La señora Rosenthal me decía que le había gustado mi relato. Solían gustarle más las historias sobre animales que sobre personas. Sin embargo, le parecía que el final no terminaba de funcionar. Por tanto, no la publicaría. Pero me deseaba suerte.

Para un autor inédito, ser rechazado de una manera tan amable como esa, ¡y por la redactora jefe en persona!, equivale casi a ganar el Pulitzer. Estaba eufórica. Era con mucho la negativa más fantástica que había recibido jamás. Y entonces hice algo que por aquel entonces hacía todo el rato: saqué el cuento que me habían rechazado de su sobre de porte pagado y lo envié a otra revista para recibir una nueva carta de rechazo que fuera quizá incluso mejor. Porque así es este juego. Avanzar siempre, retroceder nunca.

Pasaron unos años. Seguí con mis empleos de día y escribiendo además. Por fin me publicaron... otro relato, en otra revista. Gracias a ese golpe de suerte pude contratar a una agente literaria profesional. Ahora era mi agente, Sarah, la que enviaba mi trabajo a editores en mi nombre (se acabó el hacer fotocopias, ¡mi agente tenía su propia fotocopiadora!). Cuando llevábamos unos meses juntas, Sarah me llamó con una noticia estupenda. Iban a publicar mi viejo relato, *Elk Talk*.

—Maravilloso —dije—. ¿Quién lo ha comprado?

—La revista *Story* —me informó—. A Lois Rosenthal le ha encantado.

Hum.

Interesante.

Pocos días después hablé por teléfono con Lois Rosenthal, quien no pudo estar más amable. Me dijo que pensaba que *Elk Talk* era perfecta y que estaba deseando publicarla.

—¿Te gustó incluso el final? —pregunté.

—Pues claro —dijo—. El final me encanta.

Mientras hablábamos yo tenía en la mano la carta que me había enviado sólo unos años antes sobre ese mismo relato. Claramente no recordaba haber leído *Elk Talk*. No dije nada. Estaba encantada de que le gustara mi trabajo y no quería parecer irrespetuosa, sarcástica o desagradecida. Pero desde luego sentía curiosidad, así que pregunté:

—¿Qué es lo que te gusta de mi relato, si no te importa decírmelo?

—Que es muy evocador. Tiene un tono mítico. Me recuerda a algo, pero no sé exactamente a qué... —contestó.

Por supuesto, no se me ocurrió decirle:

—Te recuerda a ese mismo relato.

LA BESTIA BELLA

Así pues, ¿cómo hay que interpretar esta historia?

La interpretación cínica sería: "Es la prueba inequívoca de que el mundo es un lugar lleno de profunda injusticia".

Porque, repasemos los hechos: Lois Rosenthal no quiso *Elk Talk* cuando se lo envió una autora desconocida, pero sí cuando se lo envió una agente literaria famosa. Por lo tanto, no se trata de lo que conoces, sino de a quién conoces. El talento no significa nada y los contactos todo, y el mundo de la creatividad —igual que el mundo en general— es un sitio mezquino e injusto.

Si quieres verlo así, adelante.

Yo no lo hice. Al contrario, lo vi como un nuevo ejemplo de Gran Magia, y además uno ingenioso. Lo vi como la prueba de que no hay que rendirse nunca, de que *no* no siempre significa no y que los golpes de suerte milagrosos pueden llegarle a quienes perseveran y están ahí.

Además, imagina la cantidad de relatos que debía leer al día Lois Rosenthal a principios de la década de 1990 (he visto las pilas de manuscritos no solicitados en las redacciones de las revistas, imagina una torre de sobres de estraza que llegara hasta el cielo). A todos nos gusta pensar que nuestra obra es original e inolvidable, pero sin duda debe de llegar un momento en el que todas parecen iguales, incluso las de temática animal. Además, ignoro el estado de ánimo en que se encontraba Lois cuando leyó *Elk Talk* por primera vez. Puede que lo leyera al final de un día largo, después de discutir con un colega o justo antes de irse al aeropuerto a recoger a un familiar al que ni siquiera le apetecía ver. Tampoco sé de qué humor se encontraría cuando lo leyó por segunda vez. Quizá acababa de volver de unas vacaciones muy necesitadas. Quizá acababa de recibir una noticia maravillosa, ¡un ser querido no tenía cáncer, después de todo! ¿Quién sabe? Lo único que sé es que cuando Lois Rosenthal leyó mi relato por segunda vez, se le encendió una bombillita. Pero esa bombillita estaba ahí porque *yo la había puesto* varios años antes, cuando le envié el cuento. También porque había seguido en la brecha, incluso después del rechazo inicial.

Lo ocurrido también me enseñó que estas personas, las que custodian la puerta de nuestros sueños, no son autómatas. No son más que *personas.* Como nosotros. Tienen caprichos y peculiaridades. Son distintos cada día, lo mismo que tú y yo somos distintos cada día. No existe un modelo único capaz de predecir lo que estimulará la imaginación de cada persona, ni cuándo lo hará; simplemente tienes que intentarlo en el momento apropiado. Pero puesto que es imposible saber cuándo va a llegar ese momento, tienes que maximizar tus posibilidades. Arriesgar. Salir ahí con determinación y ánimo. Salir una vez, y otra y otra...

El esfuerzo vale la pena, porque cuando por fin consigues conectar, el placer es sobrenatural, el mayor posible. Porque en eso consiste vivir creativamente: en intentarlo una y otra vez y que nada salga bien. Pero lo sigues intentando, sigues buscando y entonces, en ocasiones, como y cuando menos te lo esperas, por fin sucede. Haces esa conexión. De repente, todo encaja. Dedicarse a la creación se parece a veces a hacer espiritismo, o a convocar un animal salvaje que merodea cerca. Lo que haces parece imposible, incluso tonto, pero luego oyes el estampido de cascos y una bestia maravillosa aparece galopando en el claro, buscándote a ti con la misma urgencia con la que tú la buscabas a ella.

Así que tienes que seguir intentándolo. Debes seguir invocando tu Gran Magia en ese oscuro bosque. Tienes que buscar de manera incansable y leal, esperando contra toda esperanza experimentar algún día esa colisión divina de comunión creativa…, ya sea por primera vez, o una vez más.

Porque cuando todo encaja es increíble. Cuando todo encaja, lo único que puedes hacer es una reverencia en señal de agradecimiento, como si te hubieran concedido audiencia con lo divino.

Porque es así.

Por último, esto

Hace muchos años mi tío Nick fue a una charla del eminente escritor estadounidense Richard Ford en una librería de Washington. Durante la ronda de preguntas, un hombre de mediana edad que estaba en el público se levantó y dijo algo parecido a esto:

—Señor Ford, usted y yo tenemos muchas cosas en común. Igual que usted, llevo toda la vida escribiendo relatos y novelas. Usted y yo tenemos más o menos la misma edad, una procedencia parecida y escribimos sobre las mismas cosas. La única diferencia es que usted se ha convertido en un hombre de letras reconocido y yo, a pesar de décadas de esfuerzo, no he publicado nada. Esto me resulta devastador. Los rechazos y las desilusiones me han quebrantado el ánimo. Me pregunto si tiene algún consejo que darme. Pero, por favor, dígame lo que quiera excepto que persevere, porque eso es lo que me dice todo el mundo y oírlo sólo me hace sentir peor.

Bien, yo no estaba allí. Y no conozco personalmente a Richard Ford. Pero según mi tío, que es un buen reportero, este contestó:

—Señor, siento mucho su desilusión. Por favor, créame, nunca le insultaría diciéndole simplemente

223

que persevere. No puedo siquiera imaginar lo desalentador que debe de resultar oír algo así después de tantos años de ser rechazado. De hecho, le voy a decir otra cosa..., que es posible que le sorprenda. Voy a decirle que abandone.

El público se quedó helado. ¿Qué manera de dar ánimos era aquella?

Ford continuó:

—Esto lo digo porque está claro que escribir no le proporciona placer. Sólo dolor. Nuestro paso por la tierra es corto y deberíamos disfrutarlo. Debería olvidarse de ese sueño y encontrar algo distinto que hacer con su vida. Viaje, busque otras aficiones, pase tiempo con su familia, relájese. Pero no siga escribiendo, porque salta a la vista que lo está matando.

Hubo un largo silencio.

Entonces Ford sonrió y añadió, casi como quien no quiere la cosa:

—Pero también le digo otra cosa. Si resulta que después de unos años descubre que no ha encontrado nada que ocupe el lugar de la escritura en su vida, nada que lo fascine, lo conmueva o lo estimule como antes lo hacía escribir..., entonces, señor mío, me temo que no le quedará de otra que perseverar.

5
Confianza

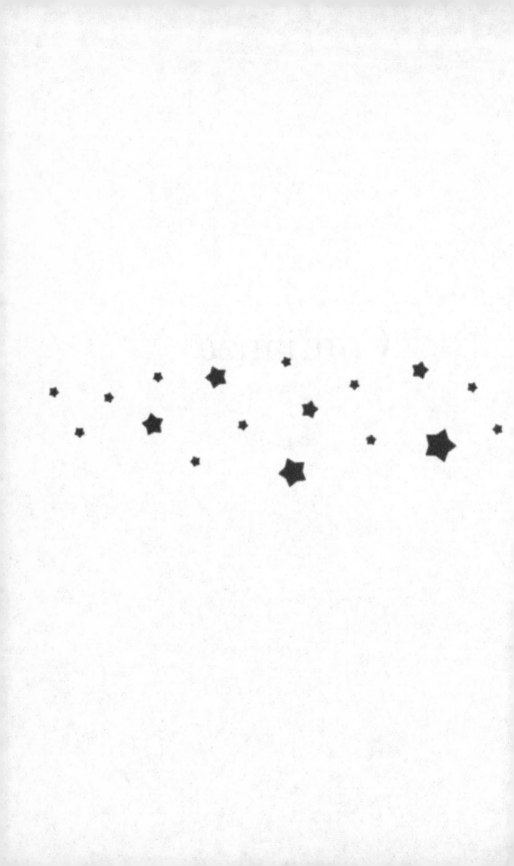

¿TE QUIERE?

Mi amiga la doctora Robin Wall Kimmerer es botánica y autora, enseña biología medioambiental en el SUNY* College de Ciencias Medioambientales y Forestales en Siracusa, Nueva York. Sus alumnos son todos defensores jóvenes y fervientes del medioambiente, entusiastas al máximo, desesperados por salvar el mundo.

Pero antes de que se pongan manos a la obra, Robin a menudo les hace estas dos preguntas:

La primera es: "¿Aman la naturaleza?"

El aula entera levanta la mano.

---

* State University of New York. *(N. del E.).*

La segunda pregunta es: "¿Creen que la naturaleza también los ama?"

El aula entera baja la mano.

Entonces es cuando Robin dice: "Pues ya nos hemos encontrado con un primer problema". El problema es éste. Estos entusiastas de salvar el mundo creen de verdad que los seres humanos no somos más que consumidores pasivos y que nuestra presencia en la Tierra es una fuerza destructiva (tomamos, tomamos y tomamos sin ofrecer nada a cambio, sin beneficiar a la naturaleza a cambio). Están convencidos de que los humanos están en este planeta por un capricho del azar y que, por tanto, a la Tierra no le importamos un comino.

Sobra decir que los pueblos de la Antigüedad no pensaban así. Nuestros ancestros se guiaban por la sensación de estar en una relación emocional recíproca con su entorno físico. Ya sintieran que estaban siendo recompensados o castigados por la madre naturaleza, por lo menos mantenían un *diálogo* constante con ella.

Robin cree que el individuo moderno ha perdido ese sentido del diálogo, ha perdido la conciencia de que la Tierra se comunica con *nosotros* tanto como nosotros con *ella*. En lugar de eso, el individuo moderno ha sido instruido para creer que la naturaleza es sorda y ciega..., tal vez porque creemos que la naturaleza carece de sensibilidad inherente. Lo que no deja de ser un constructo patológico, pues niega cualquier posibilidad de relación (incluso la idea de una madre naturaleza castigadora es mejor que la de una indiferente, porque al menos representa alguna clase de intercambio de energía).

Sin ese sentido de la relación, advierte Robin a sus alumnos, se están perdiendo algo muy importante: su potencia de convertirse en *cocreadores* de vida. Tal y como lo explica ella: "El intercambio de amor entre la Tierra y los individuos saca a la luz los dones creativos de ambos. A la Tierra no le somos indiferentes, sino que nos pide nuestros dones a cambio de los suyos... Ésa es la naturaleza recíproca de la vida y la creatividad".

O, por decirlo de una manera más sencilla: la naturaleza pone la semilla; el ser humano pone el jardín; cada uno agradece al otro su aportación.

Así que Robin empieza siempre por aquí. Antes de enseñar a sus alumnos a curar el mundo, tiene que enseñarles a corregir *su visión de sí mismos en el mundo*. Tiene que convencerlos de su derecho incluso a estar aquí (de nuevo, la arrogancia de pertenecer). Tiene que presentarles el concepto de que es posible que esa entidad que veneran, la que los creó, pueda también amarlos a ellos.

Porque de otra manera no funcionará.

Porque de otra manera nadie —ni la Tierra ni los alumnos ni nosotros— se beneficiará nunca.

La peor novia del mundo

Inspirada por esta idea, ahora a menudo hago preguntas parecidas a aspirantes a escritores.

"¿Aman la escritura?", les pregunto.

Pues claro que les gusta. *¡Vaya pregunta!*

Entonces les pregunto: "¿Creen que la escritura los ama?".

Me miran como si necesitaran ponerme una camisa de fuerza.

"Pues claro que no", dicen. La mayoría está convencido de que le son por completo indiferentes a la escritura. Y cuando tienen una relación de reciprocidad con su creatividad, suele ser de lo más enfermiza. En muchos casos, estos jóvenes escritores afirman que la escritura directamente los odia. Escribir los trastorna. Escribir los atormenta y luego se esconde. La escritura los castiga. La escritura los destruye. La escritura los deja hechos una auténtica piltrafa.

Tal y como lo explicaba un joven escritor que conozco: "Para mí la escritura es como esa chica guapa y mala del instituto que siempre has venerado pero que sólo jugaba contigo cuando le interesaba. En el fondo sabes que no te conviene, que deberías alejarte de ella sin mirar atrás, pero siempre consigue hacerte volver. Y justo cuando piensas que por fin va a ser tu novia, se presenta en el instituto de la mano del capitán del equipo de futbol y hace como si no te conociera. Lo único que puedes hacer es encerrarte a llorar en un cubículo del cuarto de baño. La escritura es *malvada*".

—Y entonces —le pregunté—, ¿qué quieres ser en la vida?

—Escritor —dijo.

ADICTOS AL SUFRIMIENTO

¿Empiezas a darte cuenta de lo complicado que es esto?

Los aspirantes a escritores no son los únicos que se sienten así. Autores mayores, consagrados, dicen cosas igual de sombrías sobre su obra (¿de dónde crees que las aprendieron los autores jóvenes? Norman Mailer afirmaba que cada uno de sus libros le había matado un poco. Philip Roth habla sin cesar de las torturas medievales que le ha infligido la escritura en su larga y sufrida carrera profesional. Oscar Wilde decía que la existencia del artista era "un suicidio prolongado y encantador" (adoro a Wilde, pero me cuesta ver el suicidio como algo encantador. Me cuesta ver ningún sufrimiento como algo encantador).

Y no sólo los escritores se sienten así. A los artistas plásticos también les pasa. Esta cita es del pintor Francis Bacon: "Los sentimientos de desesperación e infelicidad le son más útiles al artista que el de satisfacción, porque la desesperación y la infelicidad fuerzan al máximo la sensibilidad". Los actores lo hacen, los bailarines lo hacen y, desde luego, los músicos también. Rufus Wainwright confesó en una ocasión que le aterrorizaba tener una relación sentimental estable porque sin los altibajos emocionales de las aventuras amorosas disfuncionales temía perder el acceso a "ese oscuro pozo de dolor" que consideraba esencial para su música.

Y de los poetas mejor ni hablamos.

Baste decir que el lenguaje de la creatividad moderno —desde sus aspirantes más jóvenes hasta sus maestros reconocidos — rebosa de dolor, desolación y disfuncionalidad. Son innumerables los artistas que trabajan en completa soledad emocional y física, desasociados no sólo de otros seres humanos, sino también de la fuente misma de la creatividad.

Peor aún, su relación con su trabajo es a menudo emocionalmente violenta. ¿Que quieres hacer algo? Te dicen que tienes que cortarte las venas y desangrarte. ¿Que tienes que editar tu obra? Te están ordenando que mates a tus seres queridos. Pregúntale a un escritor cómo lleva su libro y es posible que te conteste: "Por fin esta semana he conseguido partirle el espinazo".

Y eso es si ha tenido una semana *buena*.

CUENTO CON MORALEJA

Una de las novelistas nuevas más interesantes que he conocido últimamente es una mujer joven llamada Katie Arnold-Ratliff. Katie escribe de ensueño. Pero me contó que durante varios años no fue capaz de trabajar por algo que le dijo un profesor de escritura: "Si no te sientes emocionalmente incómoda mientras escribes, nunca producirás nada de valor".

Bien, hay un nivel en el que entiendo lo que quizá quería decir el profesor de Katie. Tal vez el mensaje que quería transmitir era: "Que no te dé miedo buscar tus límites creativos" o "que no te eche atrás la incomodidad que a veces puede generarte la escritura". Me parecen ideas perfectamente aceptables. Pero sugerir que nadie puede crear arte de valor sin sufrimiento emocional no sólo no es verdad, sino que también lo encuentro un poco enfermizo.

Pero Katie se lo creyó.

Por respeto y deferencia a su profesor, Katie se tomó a pecho sus palabras y asumió la idea de que si su proceso creador no le producía angustia, entonces no lo estaba haciendo bien.

Quien algo quiere, algo le cuesta, ¿no?

El problema era que Katie tenía una idea para una novela que le hacía verdadera ilusión. El libro que quería escribir era tan original, retorcido y extraño que decidió que escribirlo podría resultar divertido. Tan divertido, de hecho, que le hacía sentirse culpable. Porque si extraía placer de escribir una cosa, entonces no podía tener ningún valor artístico, ¿verdad?

Así que pospuso la escritura de esa novela genial y retorcida durante años y años, porque no confiaba en la legitimidad del placer que preveía obtener de ello. Con el tiempo, me agrada decir, superó ese obstáculo mental y escribió su libro. Y no, no resultó necesariamente *fácil* de escribir, pero se lo pasó de maravilla. Y sí, es un gran libro.

Qué pena, no obstante, haber perdido todos esos años de inspiración creativa ¡y sólo porque creía que su trabajo no le provocaba infelicidad suficiente!

Sí.

Recemos para que todo el mundo pueda disfrutar de su vocación.

ENSEÑAR EL DOLOR

Por desgracia, la historia de Katie no es algo fuera de lo común.

Son demasiadas las personas creativas a las que se ha enseñado a desconfiar del placer y a tener sólo fe en el sufrimiento. Demasiados artistas siguen creyendo que la angustia es la única experiencia emocional auténtica. Esta idea tan sombría podían haberla sacado de cualquier parte; es una creencia extendida aquí, en el mundo occidental, resultado del poderoso legado emocional del sacrificio cristiano y el romanticismo alemán, que conceden excesiva credibilidad a los méritos del sufrimiento.

No confiar en nada excepto en el sufrimiento es un camino peligroso, sin embargo. Para empezar, el sufrimiento tiene fama de haber matado a artistas. Pero incluso cuando no los mata, la adicción al dolor a menudo puede causar a los artistas un trastorno mental tan grave que dejan de trabajar por completo (mi imán favorito dice: "Ya he sufrido bastante. ¿Cuándo voy a empezar a ser mejor artista?").

Tal vez a ti también te hayan enseñado a confiar en la oscuridad.

Tal vez incluso quienes te enseñaron sobre la oscuridad fueron personas creativas a las que querías y admirabas. Por lo menos a mí me pasó. Cuando estaba en el instituto, un escritor de literatura al que adoraba me dijo una vez: "Tienes talento para escribir, Liz. Por desgracia, nunca tendrás éxito, porque no has sufrido bastante en esta vida".

¡Qué cosa más retorcida!

En primer lugar, ¿qué sabe un hombre de mediana edad de los sufrimientos de una adolescente? Era muy probable que yo hubiera sufrido más aquel día *durante la comida* que él en toda su vida. Pero más allá de eso, ¿desde cuándo es la creatividad un concurso de sufrimiento?

Yo había admirado a aquel profesor. Imagina que me tomo en serio sus palabras y me embarco en una búsqueda de autentificación del sufrimiento al más puro estilo Lord Byron. Gracias a Dios, no lo hice. Mis instintos me empujaron en dirección contraria, hacia la luz, hacia el juego, hacia una relación más confiada con la creatividad..., pero yo tuve suerte. Otros emprenden esa sombría cruzada y en ocasiones de manera deliberada. "Todos mis ídolos musicales eran *yonquis*, y yo quería serlo también", cuenta mi querida amiga Rayya Elias, una cantautora de mucho talento que luchó contra la heroína más de diez años, durante los cuales vivió en la cárcel, en las calles y en hospitales psiquiátricos..., y dejó por completo de hacer música.

Rayya no es la única artista que confundió autodestrucción con compromiso serio con la creatividad. El saxofonista de jazz Jackie McLean contaba que en Greenwich Village durante la década de 1950 vio a docenas de jóvenes aspirantes a músicos consumir heroína para emular a su ídolo, Charlie Parker. Y, lo que resulta aún más revelador, dice McLean que vio a muchos jóvenes aspirantes a músicos de jazz simular que eran heroinómanos ("ojos entrecerrados, esa pose desgarbada"), aunque el propio Charlie Parker suplicaba a la gente que no emulara la faceta más trágica de su persona. Pero quizá es más fácil meterse heroína —o incluso simular románticamente que te la metes— que comprometerte de corazón con tu arte.

La adicción no hace al artista. Raymond Carver lo sabía muy bien. Era alcohólico y nunca logró convertirse en el escritor que quería ser —ni siquiera cuando escribía sobre el alcoholismo— hasta que dejó de beber. Tal y como él lo explicó: "Cualquier artista alcohólico lo es *a pesar* de su alcoholismo, no como resultado de él".

Estoy de acuerdo. Creo que la creatividad crece como la hierba silvestre por las grietas que hay entre nuestras patologías y no de las patologías en sí. Pero mucha gente cree que es al revés. Por este motivo a menudo conocemos a artistas que se aferran deliberadamente a su sufrimiento, a sus adicciones, a sus miedos, a sus demonios. Les preocupa que si se liberan de todo ello, de esa angustia, su identidad se desvanezca. Pensemos en la famosa frase de Rilke: "Si me abandonan mis demonios, me temo que mis ángeles echen a volar también".

Rilke era un poeta grandísimo y esa frase es de lo más elegante, pero también perversa desde un punto de vista emocional. Por desgracia se le ha oído citar innumerables veces a personas creativas que lo usaban como excusa para no dejar de beber, o no ir a un psicoterapeuta, o no seguir un tratamiento para su depresión o ansiedad, o no abordar sus problemas sexuales o de intimidad. O, en suma, para negarse en redondo a buscar la curación y el crecimiento personal *porque no quieren quedarse sin su sufrimiento*, que asocian y confunden con su creatividad.

Desde luego, la gente confía en sus demonios de una manera muy extraña.

ÁNGELES PRODUCTIVOS

Llegados a este punto, quiero dejar algo muy claro: no niego la realidad del sufrimiento, ni el tuyo ni el mío ni el de la humanidad en general. Lo que pasa es que me niego a *hacer fetichismo* con ello. Desde luego me niego a buscar de forma deliberada el sufrimiento en nombre de la autenticidad artística. Tal y como advirtió Wendell Barry, "atribuir a la Musa una debilidad especial por el dolor es acercarse demasiado a desearlo y cultivarlo".

Sí, de acuerdo, el Artista Atormentado a menudo es una figura, por desgracia, real. Sin duda hay muchas almas creativas ahí fuera que padecen trastornos mentales graves (aunque también hay cientos de miles de almas con trastornos mentales graves que no poseen ningún talento artístico extraordinario, así que asociar de manera automática locura y genialidad me parece una falacia lógica). Pero debemos desconfiar del atractivo del Artista Atormentado, porque en ocasiones es un *personaje*, un papel que algunos se acostumbran a interpretar. Y puede ser un papel seductoramente pintoresco, con cierto glamur oscuro y romántico. Y viene acompañado de un beneficio adicional extremadamente útil; a saber: permiso adquirido para comportarse fatal.

Si eres el Artista Atormentado, después de todo, entonces tienes excusa para tratar mal a tu pareja sentimental, a ti mismo, a tus hijos, a todo el mundo. Se te permite ser exigente, arrogante, maleducado, cruel, asocial, exagerado, explosivo, temperamental, manipulador, irresponsable y/o egoísta. Si te comportaras así de mal siendo conserje o farmacéutico, la gente te consideraría, y con razón, un capullo. Pero en tanto Artista Atormentado tienes derecho a un salvoconducto, porque eres especial. Porque eres sensible y creativo. Porque a veces haces cosas bonitas.

No me lo creo. Estoy convencida de que se puede llevar una vida creativa y aun así esforzarse por ser, en general, una buena persona. En este punto concuerdo con el psicoanalista británico Adam Phillips cuando dice que "si el arte legitima la crueldad, creo que no merece la pena".

Nunca me ha atraído el icono del Artista Atormentado, ni siquiera de adolescente, cuando esa figura puede parecer especialmente sexi y seductora para chicas de mentalidad romántica como la mía. Pero entonces nunca me atrajo y sigue sin hacerlo. Con el dolor que he visto ya me basta, gracias, y no soy de las que levantan la mano para pedir más. También he pasado el tiempo suficiente con enfermos mentales como para sentimentalizar la locura. Es más, he pasado por suficientes temporadas de depresión, ansiedad y vergüenza en mi vida para saber que no son experiencias que me resulten productivas. No siento especial apego ni lealtad por mis demonios personales porque nunca me han prestado ningún servicio. He notado que durante mis etapas de infelicidad e inestabilidad, mi espíritu creativo se paraliza y asfixia. He comprobado que me resulta casi imposible escribir cuando soy desgraciada, y *desde luego no puedo* escribir ficción (en otras palabras, o vivo un drama o lo escribo, pero no tengo la capacidad de hacer las dos cosas a la vez).

El dolor emocional me convierte en lo opuesto de una persona profunda; vuelve mi existencia superficial, insustancial y aislada. Mi sufrimiento coge todo ese universo emocionante y gigantesco y lo reduce hasta dejarlo del tamaño de mi infeliz cabeza. Cuando mis demonios personales se hacen con el poder, noto cómo mis ángeles creativos se retiran. Observan mi lucha desde una distancia prudencial, pero se preocupan. También se impacientan. Es casi como si dijeran: "¡Señora, por favor, sobrepóngase! ¡Todavía tenemos mucho trabajo por hacer!"

Mi deseo de trabajar —mi deseo de comprometerme con mi creatividad de la manera más íntima y libre posible— es mi primer incentivo personal para combatir el dolor por todos los medios que sean necesarios y para diseñarme una vida lo más cuerda y sana posible.

Pero eso es sólo porque he elegido confiar, lo que sencillamente equivale a *amar.*

El amor por encima del sufrimiento. Siempre.

ELEGIR EN QUÉ CONFIAR

Si eliges el camino contrario, sin embargo (si eliges confiar en el sufrimiento por encima del amor), ten en cuenta que estás construyendo tu casa en un campo de batalla. Y si hay tanta gente que aborda su proceso creador como si fuera una zona de guerra, ¿por qué nos extraña que haya tantas y tan graves pérdidas? Tanta desesperación, tanta oscuridad. ¡Y a qué costo!

Ni siquiera voy a intentar nombrar a todos los artistas, poetas, bailarines, compositores, actores y músicos que se suicidaron el siglo pasado o que murieron antes de tiempo de la más lenta de las tácticas suicidas, el alcoholismo (¿quieres cifras? Las encontrarás en internet. Pero, créeme, los resultados de la búsqueda son de lo más desoladores). Estos prodigios malogrados fueron infelices por infinita variedad de razones, desde luego, aunque estoy dispuesta a apostar que todos —al menos durante un momento floreciente de sus vidas— amaron su trabajo. Y sin embargo, si le preguntáramos a una de estas almas talentosas y atormentadas si creyeron alguna vez que su trabajo *los amaba a ellos,* sospecho que habrían dicho que no.

Pero ¿y por qué no?

Esa es mi pregunta, que me parece razonable. ¿Por qué *no* va a quererte tu creatividad? Acudió a ti, ¿no es cierto? Se acercó. Se metió dentro de ti poco a poco, pidiendo tu permiso y tu dedicación. Te llenó del deseo de hacer y crear cosas interesantes. La creatividad quería mantener una relación contigo. Debe de haber alguna razón para ello, ¿no? ¿De verdad crees que la creatividad se tomó la molestia de abrirse paso hasta tu consciencia sólo porque quería matarte?

¡Eso ni siquiera tiene sentido! ¿Cómo se va a beneficiar la creatividad de un acuerdo así? Cuando muere Dylan Thomas, se acabaron los poemas de Dylan Thomas; ese canal se ha silenciado para siempre. No concibo un universo en el que la creatividad pueda buscar un resultado así. Lo que creo es que la creatividad preferiría, con mucho, un mundo en el que Dylan Thomas hubiera seguido vivo y productivo durante los años que le hubieran correspondido de forma natural. Dylan Thomas y mil más, claro.

Hay en el mundo un agujero producido por todo lo que esas personas dejaron de crear. Es más, hay un agujero en *nosotros* producido por la pérdida de su obra, y no concibo que eso se deba a la divina providencia.

Porque piénsalo: si lo único que busca una idea es manifestarse, ¿por qué iba esa idea a querer hacerte daño cuando tú eres el único capaz de sacarla adelante? (la naturaleza proporciona la semilla; el hombre pone el jardín; cada uno le agradece al otro por su aportación).

¿Es posible, entonces, que la creatividad no nos esté jodiendo, sino que seamos nosotros quienes estemos jodiendo a la creatividad?

OBSTINADA ALEGRÍA

De lo único que estoy segura es de que toda mi vida ha estado determinada por mi temprana decisión de rechazar el culto al martirio artístico y, en lugar de ello, confiar en la descabellada idea de que mi *trabajo me quiere a mí tanto como yo lo quiero a él*, de que quiere jugar conmigo tanto como yo quiero jugar con él y de que esta fuente de amor y juego es infinita.

He elegido creer que el deseo de ser creativo estaba codificado en mi ADN por razones que nunca conoceré y que la creatividad no me abandonará a no ser que la eche de una patada o la envenene hasta matarla. Cada molécula de mi ser ha apuntado siempre hacia esta línea de trabajo, hacia el lenguaje, contar historias, investigar, narrar. Si el destino no hubiera querido que fuera escritora, supongo que no me habría convertido en una. Pero *lo hizo*, y he decidido aceptar mi destino con la mayor alegría y el menor drama posibles, porque cómo decido gestionarme a mí misma como escritora es una elección por completo mía. Puedo convertir mi creatividad en un campo de la muerte o en un interesante gabinete de curiosidades.

Incluso puedo convertirlo en una devoción.

Por tanto, mi decisión, en última instancia, es abordar siempre mi trabajo desde la alegría obstinada.

Trabajé durante años con obstinada alegría antes de que me publicaran nada. Trabajé con obstinada alegría cuando todavía era una escritora novata y desconocida, cuyo primer libro no vendió más que un puñado de ejemplares, la mayor parte de ellos a miembros de mi familia. Trabajé con obstinada alegría cuando entré en las listas de más vendidos. Trabajé con obstinada alegría cuando salí de las listas de más vendidos, cuando los críticos me alabaron y cuando se burlaron de mí. Persisto en mi obstinada alegría cuando mi escritura no va bien y cuando sí va bien.

Nunca elijo creer que he sido abandonada en la tierra baldía de la creatividad o que tengo razones para angustiarme por mi escritura. Elijo confiar en que mi inspiración está siempre cerca cuando estoy trabajando, haciendo lo imposible por brindarme asistencia. Lo único es que la inspiración procede de otro mundo, claro, y habla un idioma que no se parece nada al mío, así que en ocasiones tenemos problemas para entendernos. Pero sigue sentada a mi lado, y *lo intenta.* La inspiración trata de enviarme mensajes en todas las formas que puede: mediante sueños, augurios, pistas, coincidencias, *déjà vus,* mediante el Kismet, mediante ondas inesperadas de atracción y reacción, los escalofríos que me suben por los brazos, el vello de la nuca que se me pone de punta, el placer de algo nuevo y sorprendente, mediante ideas obstinadas que me mantienen despierta toda la noche..., qué más da, *lo importante es que funcione.*

La inspiración está siempre intentando trabajar conmigo.

Así que yo me siento y también trabajo.

Ése es el trato.

Yo confío en ella; ella confía en mí.

ELEGIR TU MODALIDAD DE AUTOENGAÑO

¿Me estoy engañando?

¿Me engaño al otorgar una confianza infinita en una fuerza que no puedo ver ni tocar ni demostrar? ¿Una fuerza que es posible que ni siquiera exista?

Bueno, vamos a suponer por un momento que eso es ilusorio.

Pero ¿lo es más que creer que sólo el sufrimiento y el dolor son auténticos? ¿O que estás *solo,* que no tienes relación de ninguna clase con el universo que te creó? ¿O que el destino ha decidido asignarte una mala estrella? ¿O que tu talento te fue dado con el único fin de destruirte?

Lo que digo es esto: si vas a basar tu vida en un autoengaño (y así es, porque todos lo hacemos), entonces ¿por qué no elegir uno que al menos sea útil?

Permíteme que te sugiera uno:
El trabajo quiere hacerse realidad, y quiere hacerse realidad a través de ti.

MÁRTIR O TRILERO

Pero para liberarse de la adicción al sufrimiento creativo tienes que rechazar primero el estilo mártir y adoptar el del trilero.

Todos tenemos un poco de estafadores y un poco (de acuerdo, algunos *un mucho*) de mártir, pero en algún punto de tu viaje creativo tendrás que tomar una decisión sobre a qué campo quieres pertenecer y, por tanto, qué partes de ti vas a alimentar, cultivar y sacar a la luz. Elige con cuidado. Tal y como dice siempre mi amiga la periodista radiofónica Caroline Casey, "prefiero a un estafador que a un mártir".

¿Y cuál es la diferencia entre un mártir y un estafador, me preguntarás?

Aquí va una definición rápida:

La energía mártir es sombría, solemne, machista, jerárquica, fundamentalista, austera, rencorosa y profundamente rígida.

La energía estafadora es ligera, astuta, transgenérica, transgresora, animista, sediciosa, original y cambia de forma continuamente.

El mártir dice: "Lo sacrificaré todo por combatir en esta guerra imposible de ganar, incluso si tengo que morir aplastado bajo la rueda del tormento".

El estafador dice: "¡Pues que usted lo pase bien! Por mi parte, estaré en esta esquina con mi pequeña operación de mercado negro, a un ladito de tu guerra imposible de ganar".

El mártir dice: "La vida es dolor".

El estafador dice: "La vida es interesante".

El mártir dice: "El sistema está amañado en contra de todo lo que es bueno y sagrado".

El estafador dice: "No hay sistema, todo es bueno y nada es sagrado".

El mártir dice: "Siempre seré un incomprendido".

El estafador dice: "¡Coge una carta! ¡La que sea!"

El mártir dice: "El mundo no tiene solución".

El estafador dice: "Puede que no…, pero siempre se puede *jugar* con él".

El mártir dice: "Gracias a mi sufrimiento, la verdad saldrá a la luz".

El estafador dice: "Yo no he venido aquí a pasarlo mal, colega".

El mártir dice: "¡Prefiero la muerte a la deshonra!"

El estafador dice: "Vamos a jugar un rato".

El mártir siempre termina muerto entre un montón de sueños rotos, mientras que el estafador se aleja para seguir con su vida.

El mártir es Tomás Moro.

El estafador es Bugs Bunny.

Confianza de estafador

Tengo la teoría de que el impulso creativo humano original nació de energía estafadora en estado puro. ¡No puede ser de otra manera! La creatividad quiere darle la vuelta al mundo, y eso es precisamente lo que mejor se le da al estafador. Pero en algún momento de los últimos siglos, los mártires secuestraron a la creatividad, y desde entonces la tienen retenida en su campo de sufrimiento. Mi teoría es que este giro de los acontecimientos ha dejado muy triste al mundo del arte. Desde luego ha dejado tristes a muchos artistas.

Lo que estoy diciendo es que ha llegado la hora de devolver la creatividad a los trileros.

El estafador es, evidentemente, una figura encantadora y subversiva. Pero, para mí, lo más maravilloso de un buen trilero es que *confía*. De entrada puede parecer descabellado, porque es una figura escurridiza y turbia, pero el estafador es una persona llena de confianza. Confía en sí mismo, eso es obvio. Confía en su astucia, en su derecho a estar aquí, en su capacidad de salir airoso de cualquier situación. Hasta cierto punto, claro, también confía en otras personas (en el sentido en que confía que sean blancos de su astucia). Pero, sobre todo, el estafador confía en el universo. Confía en sus leyes caóticas, anárquicas, siempre fascinantes y, por esta razón, no se angustia en vano. Confía en que el universo está siempre jugando y, en concreto, en que siempre quiere jugar *con él*.

Un buen estafador sabe que si lanza con alegría una pelota al cosmos, el cosmos se la devolverá. Puede que se la devuelva con demasiada fuerza, o torcida, o que llegue acompañada de una lluvia de misiles, como en los dibujos animados, o que no le llegue hasta mediados del año siguiente, pero esa bola terminará por volver. El estafador espera a que lo haga, la coge y entonces vuelve a lanzarla al vacío, sólo para ver qué pasa. Y le encanta hacerlo porque el estafador (tan inteligente él) comprende esa gran verdad cósmica que el mártir (tan trascendental él) no asimilará nunca: *que todo es un juego.*

Un juego grande, impredecible y maravilloso.

Lo que está muy bien, porque al estafador le gusta lo impredecible.

Es más, lo impredecible es su medio natural.

El mártir, en cambio, odia lo impredecible. Quiere acabar con ello. Y al hacerlo, a menudo acaba consigo mismo.

Una buena jugada de estafador

Soy amiga de Brené Brown, autora de *Frágil* y otros libros sobre la vulnerabilidad humana. Brené escribe libros maravillosos, pero no le resulta fácil. Suda, lucha y sufre durante el proceso de escritura; siempre ha sido así. Pero hace poco le presenté la idea de que la creatividad es para estafadores, no para mártires. Era una idea que no había oído antes (tal y como lo explica ella: "Oye, yo vengo de un entorno académico que está profundamente atrincherado en el martirio. Es decir: 'Tienes que trabajar y sufrir en soledad durante años antes de producir una única obra que solo leerán cuatro personas'").

Pero cuando Brené comprendió esta idea del "trilerismo", examinó de cerca sus hábitos de trabajo y se dio cuenta de que había estado creando desde un lugar interior demasiado oscuro e intenso. Ya había escrito varios libros de éxito, pero todos habían sido un calvario, un proceso con el miedo y la angustia como únicos elementos. Nunca se había cuestionado toda esta angustia, porque había asumido que era perfectamente normal. Después de todo, los artistas serios sólo demuestran sus méritos si sufren de verdad. Igual que muchos creadores antes que ella, había llegado a confiar en ese dolor por encima de todo.

Pero cuando aceptó la posibilidad de escribir desde la energía estafadora, dio un gran paso adelante. Se dio cuenta de que el acto mismo de escribir le resultaba muy difícil..., pero *contar historias* no. Brené es una contadora de historias cautivadora y le encanta hablar en público. Es una tejana de cuarta generación que sabe hilar un relato con facilidad pasmosa. Sabía que cuando expresaba sus ideas en voz alta, fluían como un río. Pero cuando intentaba ponerlas por escrito, se le atragantaban.

Entonces se le ocurrió cómo engañarlas.

Para su último libro probó un método distinto, una estrategia estafador superastuta y de primera calidad. Reclutó a dos colegas de su confianza para que la acompañaran a su casa de la playa en Galveston y la ayudaran a terminar el libro, que tenía un plazo de entrega de lo más ajustado.

Les pidió que se sentaran en el sofá y tomaran apuntes detallados mientras ella les contaba historias sobre el tema de que trataba su libro. Después de cada historia, cogía los apuntes, se iba a otra habitación, cerraba la puerta y escribía palabra por palabra lo que acababa de contar a sus colegas, mientras éstas esperaban pacientemente en el cuarto de estar. Así consiguió Brené plasmar en papel el tono natural de su forma de hablar, de manera muy parecida a como la poeta Ruth Stone se las arregló para capturar los poemas que fluían a través de ella. Luego volvía al cuarto de estar y leía en voz alta lo que acababa de escribir. Sus colegas la ayudaban a desarrollar aún más la narración, pidiéndole que se explayara con nuevas anécdotas e historias mientras volvían a tomar notas. Luego Brené cogía esas notas y las transcribía.

Y así, haciéndole una estafa a su acto de contar historias, Brené descubrió cómo ponerle el cascabel al gato.

El proceso estuvo lleno de risas y situaciones absurdas. Después de todo eran tres amigas solas en una casa en la playa. Hubo sesiones de comer tacos y visitas al golfo. Lo pasaron bomba. Este panorama es lo opuesto a la imagen estereotipada del Artista Atormentado sufriendo en silencio en su buhardilla, pero, como me dijo Brené: "Eso se acabó. No volveré a escribir sobre las relaciones humanas mientras sufro en soledad". Y el truco funcionó como un amuleto. Nunca había escrito más rápido, ni mejor, ni con tanta *confianza*.

Ojo, que no estaba escribiendo un libro humorístico. Un proceso desenfadado no tiene por qué dar como resultado un producto desenfadado. Después de todo, Brené es una respetada socióloga especializada en la culpa. Su libro trataba sobre vulnerabilidad, fracaso, ansiedad, desesperación y resiliencia emocional ganada a base de esfuerzo. Cuando salió, era todo lo profundo y serio que tenía que ser. La diferencia es que se la pasó bien escribiéndolo, porque por fin descubrió cómo jugar con el sistema. Y al hacerlo tuvo por fin acceso a su generosa fuente de Gran Magia.

Así es como trabaja un estafador.

Con naturalidad.

Con mucha naturalidad.

ANÍMATE

Mi primer relato lo publiqué en 1993 en la revista *Esquire*. Se titulaba *Pilgrims* (Peregrinos). Trataba de una joven que trabajaba en un rancho en Wyoming y estaba basado en mi experiencia como joven que había trabajado en un rancho en Wyoming. Como de costumbre, envié el relato a un montón de revistas. Como de costumbre, todas lo rechazaron. Todas menos una.

Un editor ayudante joven de *Esquire* llamado Tony Freund sacó mi relato de la pila de manuscritos no solicitados y se lo llevó al editor jefe, llamado Terry McDonell. Tony sospechaba que a su jefe podría gustarle la historia porque sabía que siempre le había fascinado el Oeste americano. Y sí, a Terry le gustó *Pilgrims* y lo compró, y yo tuve mi primera oportunidad como escritora. Fue una oportunidad única. El cuento se programó para el número de *Esquire* de noviembre, con Michael Jordan en la portada.

Un mes antes de que el número se fuera a imprenta, sin embargo, Tony me llamó para decirme que había un problema. Un anunciante de los gordos había retirado su publicidad y, como resultado, la revista tendría que salir con menos páginas de las pensadas para aquel mes. Habría que sacrificar cosas; estaban buscando voluntarios. Me dieron a elegir. Podía o reducir mi relato en un 30 por ciento para que cupiera en el número de noviembre, ahora de menos páginas, o retirarlo y confiar en que saliera, intacto, en un número futuro.

"No sé qué aconsejarte", me dijo Tony. "Entenderé completamente que no quieras mutilar tu trabajo así. Creo que si lo recortas, el relato sufrirá. Así que igual es mejor que esperemos unos meses y lo publiquemos íntegro. Pero también tengo que advertirte de que el mundo de las revistas es muy impredecible. Puede ser conveniente subirse al tren cuando se puede. Si vacilas ahora, es posible que tu cuento no llegue a publicarse. Terry puede decidir que ya no le interesa o, quién sabe, puede irse de *Esquire* a otra revista y entonces no tendrás valedor. Así que no sé qué decirte. Decide tú".

¿Tienes idea de lo que significa cortar el 30 por ciento de un relato de diez páginas? Había trabajado un año y medio en ese cuento. Para cuando llegó a *Esquire* era como granito pulido, estaba convencida de que no había en él una sola palabra superflua. Es más, sentía que *Pilgrims* era lo mejor que había escrito jamás y, por lo que sabía, era posible que no volviera a escribir así de bien. Era algo de infinito valor para mí, sangre de mi sangre. No sabía ni siquiera si la historia tendría sentido si la amputaba como me pedían. Pero, por encima de todo, mi dignidad de artista se sentía ofendida por la simple idea de mutilar el mejor trabajo de mi vida porque una compañía de coches había retirado su publicidad de una revista para hombres. ¿Qué pasaba con la integridad? ¿Con el honor? ¿Con el orgullo?

Si los artistas no defienden unos estándares de incorruptibilidad en este mundo malvado, entonces *¿quién lo hará?*

Aunque, por otra parte, ¡qué carajos!

Porque seamos sinceros. No estábamos hablando de la Carta Magna; sólo de un relato sobre una vaquera y su novio.

Cogí un lápiz rojo y le metí tijera a conciencia.

La devastación inicial que los cortes produjeron en la historia fue tremenda. Había dejado de tener significado o lógica. Era una escabechina literaria, pero ahí es cuando las cosas se ponen interesantes. Mientras examinaba aquel desaguisado, se me ocurrió que podía ser un reto creativo fantástico. ¿Sería capaz de hacer que funcionara? Empecé a suturar la historia de forma que tuviera sentido. Mientras juntaba y cosía frases, me di cuenta de que los cortes habían alterado por completo el tono de la historia, pero no necesariamente para mal. La nueva versión no era ni mejor ni peor que la antigua, sólo muy distinta. Más enjuta y fuerte; austera de una manera atractiva.

Ese tipo de escritura nunca me habría salido de manera natural —hasta entonces no había sabido que era capaz de escribir así— y esta revelación bastó para intrigarme (era como uno de esos sueños en que descubres una habitación en tu casa que no conocías y tienes la liberadora sensación de que tu vida tiene más posibilidades de las que pensabas). Me asombró descubrir que podía jugar de esa manera tan despiadada con mi obra: desgarrarla, cortarla, volverla a unir y que aun así sobreviviera, quizá incluso mejorara, dentro de sus nuevos parámetros.

Lo que produces no tiene por qué ser siempre sagrado, me di cuenta, sólo porque tú creas que lo es. Lo que sí es sagrado es el tiempo que dedicas a trabajar en el proyecto, la manera en que ese tiempo expande tu imaginación y la manera en que esa imaginación expandida te cambia la vida.

Cuanto mayor sea la naturalidad con que pases ese tiempo, más luminosa será tu existencia.

No es tu hijo

Cuando las personas hablan de su trabajo creativo, a menudo se refieren a él como "su hijo", que es lo contrario de tomarse las cosas con naturalidad.

Tengo una amiga que, una semana antes de que saliera su novela, me dijo: "Me siento como si mandara a mi hijo al colegio en autobús por primera vez y tengo miedo de que los abusones se metan con él". (Truman Capote lo expresó de manera aún más descarnada: "Terminar un libro es como sacar a un niño del patio y pegarle un tiro").

Chicos, por favor, no confundan su trabajo creativo con un niño, ¿de acuerdo?

Esta manera de pensar no os causará más que un intenso dolor psicológico. Estoy hablando muy en serio. Porque si de verdad crees que tu trabajo es tu hijo, entonces algún día te será difícil cortarle un 30 por ciento, algo que es muy posible que tengas que hacer. Tampoco podrás soportarlo si alguien critica o corrige a tu hijo, o te sugiere que lo cambies por completo, o incluso intenta ponerlo en venta. Es posible que seas incapaz de desprenderte de tu trabajo para compartirlo porque ¿cómo sobrevivirá esa pobre e indefensa criatura sin tenerte a ti encima, pendiente de ella?

Tu obra creativa no es tu hijo; en todo caso, tú eres hijo *de ella.* Todo lo que he escrito me ha hecho ser quien soy. Cada proyecto me ha hecho madurar de una manera diferente. Soy quien soy hoy por lo que he hecho y por aquello en lo que me ha convertido lo que he hecho. La creatividad me ha criado en su seno y me ha hecho adulta, empezando por la experiencia con aquel relato, *Pilgrims,* que me enseñó a *no* actuar como un niño pequeño.

Con todo esto lo que quería decir es que sí, al final, conseguí colar una versión abreviada de *Pilgrims* en el número de noviembre de 1993 de *Esquire.* Unas semanas después el destino quiso que Terry McDonell (mi representante) dejará su puesto de editor jefe de la revista. Los relatos y reportajes que dejó al irse nunca vieron la luz del día. El mío habría estado entre ellos, sepultado en una tumba poco profunda, de no haberme mostrado dispuesta a hacer esos cortes.

Pero los hice, gracias a Dios, y la historia quedó excelente y distinta debido a ellos y yo tuve mi gran oportunidad. El relato llamó la atención de la agente literaria que me metió en su cartera de autores y que ya lleva más de veinte años guiando mi carrera con precisión y elegancia.

Cuando recuerdo lo ocurrido, me estremezco al pensar lo que podía haber perdido. De haber sido más orgullosa, hoy en algún lugar del mundo (probablemente el cajón de mi escritorio) habría un relato titulado *Pilgrims* de diez páginas de longitud que nadie habría leído. Estaría intacto y puro, como granito pulido, y yo podría seguir trabajando en la barra de un bar.

También me parece interesante que, una vez que *Pilgrims* se publicó en *Esquire,* no volví a pensar en él. No era lo mejor que escribiría en mi vida. Ni siquiera se acercaba. Tenía mucho trabajo por delante y me puse manos a la obra. *Pilgrims* no era, después de todo, una reliquia consagrada. No era más que una *cosa,* una cosa que yo había hecho y amado, luego cambiado, luego rehecho, seguido amando, publicado y dejado a un lado para poder ponerme a hacer otras cosas.

Gracias a Dios, no dejé que me arruinara. Eso habría sido un acto de martirio autodestructivo, decidir que mi obra era inviolable y defender su santidad hasta la muerte. En lugar de ello tomé mi confianza y la puse en el juego, en la flexibilidad, en la prestidigitación. Puesto que estaba dispuesta a tomarme mi obra con naturalidad, aquel relato se convirtió no en una tumba, sino en el umbral que crucé hacia una nueva vida grande y maravillosa.

Lo que te quiero decir con esto es: ojo con tu dignidad.

No siempre es buena compañera.

PASIÓN FRENTE A CURIOSIDAD

¿Puedo animarte también a que te olvides de la pasión?

Tal vez te sorprenda oír esto de mí, pero en cierto modo estoy en contra de la pasión. O, al menos, estoy en contra de *predicar* la pasión. No creo en decirle a la gente: "Basta con que te dediques a lo que te apasiona y todo te irá bien". Creo que en ocasiones esta sugerencia puede ser inútil, cruel incluso.

En primer lugar, puede tratarse de un consejo innecesario, porque si alguien tiene una pasión clara, hay muchas probabilidades de que ya se dedique a ella y, por tanto, no necesita que nadie se lo diga (después de todo, esa es la definición de pasión: algo que se busca casi obsesivamente, casi porque no se tiene otra opción). Pero muchas personas no saben con exactitud cuál es su pasión, o tienen varias, o están atravesando una crisis de pasión de mediana edad, todo lo cual puede hacerlas sentir confundidas, bloqueadas e inseguras.

Si no tienes una pasión clara y alguien te dice de buenas a primeras que te dediques a ella, creo que tienes derecho a hacerle una seña obscena. Porque es como si alguien te dijera que lo único que necesitas para perder peso es estar delgado, o que lo único que necesitas para tener una gran vida sexual es ser multiorgásmica. ¡No ayuda nada!

Yo soy, por regla general, una persona bastante apasionada, pero no todos los días. A veces no tengo ni idea de adónde se ha ido mi pasión. No siempre me siento verdaderamente inspirada, no siempre sé con seguridad lo que debo hacer a continuación.

Pero no me siento a esperar a que la pasión venga a buscarme. Sigo trabajando con constancia, porque creo que uno de nuestros privilegios en tanto seres humanos es seguir haciendo cosas toda nuestra vida y porque me gusta hacer cosas. Por encima de todo, sigo trabajando porque estoy convencida de que la creatividad siempre me está buscando, incluso cuando la pierdo de vista.

Así pues, ¿de dónde se saca la inspiración para trabajar cuando tu pasión decae?

Ahí es donde entra la curiosidad.

INQUISITIVOS SIEMPRE

Creo que el secreto es la curiosidad. La curiosidad es la verdad y el camino a la vida creativa. La curiosidad es el alfa y el omega, el principio y el fin. Pero, además, está al alcance de cualquiera. La pasión puede parecer en ocasiones difícil de alcanzar: una torre en llamas distante, accesible sólo a genios y a tocados de la gracia divina. La curiosidad, en cambio, es una entidad más moderada y pacífica, más hospitalaria y más democrática. Las exigencias de la curiosidad también son más modestas que las de la pasión. La pasión te lleva a divorciarte, a vender tus pertenencias, a afeitarte la cabeza y a irte a vivir a Nepal. La curiosidad no te exige nada de eso.

De hecho, la curiosidad se limita a hacerte una única y sencilla pregunta: "¿Hay *algo* que te interese?"

Cualquier cosa.

Aunque sea un poquito.

Da igual que sea algo prosaico o pequeño.

La respuesta no tiene por qué poner tu vida patas arriba o hacerte cambiar de trabajo o de religión, o causarte un trastorno disociativo; basta con que atrape tu atención durante un instante. Pero en ese instante, si puedes pararte e identificar aunque sea una *minúscula chispa* de interés en algo, entonces la curiosidad te pedirá que gires la cabeza un centímetro y examines esa cosa de cerca.

Hazlo.

Es una pista. Puede no parecer nada, pero es una pista. Síguela. Confía en ella. Descubre dónde te lleva la curiosidad. Luego sigue la pista que veas a continuación, y la siguiente. Recuerda, no tiene por qué ser una voz en el desierto; no es más que una pequeña expedición en busca del tesoro. Emprenderla puede llevarte a sitios asombrosos e inesperados. Incluso puede conducirte, en última instancia, a tu pasión, aunque sea a través de un recorrido laberíntico de callejuelas, grutas subterráneas y puertas secretas.

También puede no llevarte a ninguna parte.

Puedes pasarte la vida siguiendo tu curiosidad y al final no tener nada que lo demuestre, excepto una cosa: la satisfacción de saber que has dedicado toda tu existencia al noble arte de ser inquisitivo.

Y eso debería bastar a cualquiera para decir que ha llevado una vida rica y espléndida.

LA BÚSQUEDA DEL TESORO

Déjame que te dé un ejemplo de adónde puede llevarte una búsqueda del tesoro impulsada por la curiosidad.

Ya te he contado la historia de la gran novela que nunca escribí, aquel libro sobre la selva del Amazonas que desatendí y que terminó por salir de mi conciencia y entrar en la de Ann Patchett. Aquel libro era un proyecto apasionado. La idea me había llegado en una onda cerebral de emoción e inspiración física y anímica. Pero luego las exigencias de la vida me absorbieron, no trabajé en el libro y me dejó.

Así son las cosas, así fueron.

Después de perder la idea sobre la selva del Amazonas, no tuve de inmediato otra onda cerebral de emoción e inspiración física y emocional. Seguí esperando a que llegara la gran idea y seguí anunciando al universo que estaba preparada para ella, pero no llegó ninguna. Ni carne de gallina ni cosquilleo en el estómago. No se produjo el milagro. Era como si san Pablo hubiera hecho el camino entero hasta Damasco y no hubiera pasado nada, si acaso llovido un poco.

La mayor parte de los días, la vida es eso.

Estuve un tiempo dedicada a mis tareas diarias: escribir correos, comprar calcetines, resolver pequeñas emergencias, mandar tarjetas de felicitación de cumpleaños. Me dediqué a llevar una existencia ordenada. A medida que pasaba el tiempo y en mi interior no prendía la chispa de una idea apasionada, no me dejé llevar por el pánico. Hice lo que había hecho muchas veces antes: me olvidé de la pasión y me concentré en la curiosidad.

Me pregunté a mí misma: *Liz, ¿hay algo ahora mismo que te interese?*

Cualquier cosa.

Aunque sea un poquito.

Da igual que sea algo prosaico o pequeño.

Y resultó que me interesaba la jardinería.

(Sí, ya sé lo que vas a decir, ¡qué emoción!, ¡jardinería!)

Acababa de mudarme a una pequeña población rural en Nueva Jersey. Había comprado una casa vieja que venía con un bonito patio trasero. Y ahora me apetecía hacer un jardín en ese patio.

El impulso me sorprendió. Yo había crecido con jardín —un jardín enorme del que mi madre se había ocupado con eficacia—, pero nunca me había interesado demasiado. Como buena niña perezosa, me había esforzado mucho por *no* aprender nada sobre jardinería, a pesar de todos los esfuerzos de mi madre por enseñarme. No había sido nunca una criatura de la tierra. De niña no me gustaba la vida de campo (las tareas de la granja me resultaban aburridas, complicadas y pegajosas) y de adulto nunca la había buscado. Precisamente la aversión al trabajo duro que trae consigo la vida rural es lo que me había llevado a Nueva York y la razón por la que me había hecho tan viajera, porque no quería ser en absoluto granjera. Pero ahora me había mudado a una población más pequeña incluso que aquella en la que había crecido y quería un jardín.

Entiéndeme, no es que lo quisiera *desesperadamente*. No estaba dispuesta a morir por un jardín ni nada parecido. Sólo pensé que estaría bien tener uno.

Curioso.

El antojo era lo bastante pequeño como para ignorarlo. Casi no tenía pulso. Pero no lo ignoré. En lugar de ello, seguí aquella pequeña pista de curiosidad y planté más cosas.

Mientras lo hacía me di cuenta de que sabía más de jardinería de lo que había creído. Al parecer, de niña había aprendido por accidente algunas cosas de mi madre, a pesar de mis muchos esfuerzos por no hacerlo. Descubrir esos conocimientos latentes resultó una gran satisfacción. Recuperé recuerdos de infancia. Pensé más en mi madre, en mi abuela, en la larga estirpe de mujeres de mi familia que trabajaron la tierra. Fue bonito.

A medida que avanzaba la estación, me di cuenta de que veía mi jardín con otros ojos. Lo que cultivaba ya no se parecía al jardín de mi madre, sino que empezaba a parecer el mío propio. Por ejemplo, a diferencia de mi madre, una maestra del cultivo de hortalizas, a mí no me interesaba tener una huerta. Más bien anhelaba las flores más llamativas y de colores más brillantes que fuera posible encontrar. También descubrí que no quería limitarme a cultivar las plantas; también quería aprender cosas de ellas. Más concretamente, quería saber de dónde venían.

Esos lirios barbudos que adornaban mi jardín, por ejemplo, ¿qué origen tenían? Hice un minuto exacto de investigación en internet y me enteré de que no eran autóctonos de Nueva Jersey; de hecho, tenían su origen en Siria.

Fue un descubrimiento bastante interesante.

Luego seguí investigando. Las lilas que crecían en mi parcela eran, al parecer, descendientes de plantas similares que habían florecido en otro tiempo en

Turquía. Mis tulipanes también eran originarios de Turquía, aunque luego resultó que había habido gran cantidad de interferencia holandesa entre los tulipanes silvestres turcos originales y mi variedad domesticada y lujosa. Mi cornejo sí era autóctono. Mi forsitia en cambio no, venía de Japón. La glicinia también venía de bastante lejos; un capitán de marina inglés la había llevado a Europa desde China y luego colonos británicos la habían traído al Nuevo Mundo... y en época bastante reciente, en realidad.

Empecé a investigar el pasado de todas las plantas de mi jardín. Tomé notas sobre lo que encontré. Mi curiosidad creció. Me di cuenta de que lo que me intrigaba no era tanto el jardín en sí como la historia botánica que había detrás de él: una fábula salvaje y poco conocida de comercio, aventura e intriga global.

Eso podía ser un libro, ¿no?

¿Igual sí?

Seguí el rastro de mi curiosidad. Decidí confiar de pleno en mi fascinación. Elegí creer que todos aquellos detalles me interesaban por una buena razón. En consecuencia, empecé a ver presagios y coincidencias por todas partes, todos relacionados con mi nuevo interés por la historia botánica. Me topaba con los libros adecuados, las personas adecuadas, las oportunidades adecuadas. Resultó que el experto cuyo asesoramiento necesitaba para enterarme de la historia del musgo vivía a sólo unos minutos de la casa de mi abuelo, en el norte del estado. Un libro de doscientos años de antigüedad que había heredado de mi bisabuelo contenía la llave que había estado buscando: un personaje histórico vívido, digno de novelarse.

Lo tenía todo delante de mi nariz.

Y empecé a volverme un poco loca.

Mi búsqueda de más información sobre exploraciones botánicas terminó por llevarme por todo el planeta: desde mi jardín trasero de Nueva Jersey hasta las bibliotecas de horticultura en Inglaterra; desde las bibliotecas de horticultura en Inglaterra hasta los jardines botánicos medievales de Holanda; de los jardines botánicos medievales de Holanda a las cuevas recubiertas de musgo de la Polinesia francesa.

Tres años de documentación, viajes e investigación después, por fin me senté a escribir *La firma de todas las cosas,* una novela sobre una familia de botánicos exploradores en el siglo XIX.

Era una novela que no vi venir. Había empezado casi como si *nada.* No me lancé al libro con furioso ardor; me acerqué a él centímetro a centímetro, pista a pista. Pero para cuando abandoné mi búsqueda del tesoro y empecé a escribir, la pasión por las expediciones botánicas del siglo XIX me consumía. Tres años antes, ni siquiera había *oído* hablar de las expediciones botánicas del siglo XIX, ¡lo único que quería era hacer un modesto jardín detrás de mi casa! Y ahora estaba escribiendo una novela larguísima sobre plantas, ciencia, evolución, abolición, amor y pérdida y el viaje de una mujer hacia la trascendencia intelectual.

Así que funcionó. Pero funcionó porque dije sí a cada pequeña pista de la curiosidad que detecté a mi alrededor.

Y eso, que lo sepas, también es Gran Magia.

Es Gran Magia a una escala más pequeña, más lenta, pero no te confundas… sigue siendo Gran Magia.

Tiene que ver con decir que *sí.*

QUÉ INTERESANTE

Los creadores que más me inspiran, por tanto, no son por fuerza los más apasionados, sino los más curiosos.

La curiosidad es lo que te mantiene trabajando de manera continua mientras emociones más fuertes vienen y van. Me gusta que Joyce Carol Oates escriba una novela nueva cada tres minutos —y sobre tal variedad de temas—, porque parece que le fascinan muchas cosas. Me gusta que James Franco acepte todos los papeles que le apetecen (melodrama serio un día y al siguiente comedia hortera) porque admite que no todo puede ser buscar la nominación al Oscar. Y eso me gusta porque entre papel y papel se dedica a cultivar otros intereses: arte, moda, mundo académico y escritura (¿hay talento en su creatividad extracurricular? ¡Me da igual! Lo que importa es que el tipo hace lo que le da la gana). Me gusta que Bruce Springsteen no se limite a componer épicos himnos para cantar en estadios sino que en una ocasión escribiera un álbum entero basado en una novela de John Steinbeck. Me gusta que Picasso hiciera cerámica de vez en cuando.

Una vez oí a Mike Nichols hablar de su prolífica carrera de director de cine y dijo que siempre le habían interesado mucho sus fracasos. Cada vez que echaban uno por televisión a última hora de la noche se sentaba y lo veía entero, algo que no hacía con sus éxitos. Lo veía con curiosidad, pensando:

"Qué interesante, ahora me doy cuenta de que esa escena no funciona..."

Ni vergüenza ni desesperación, solo la sensación de que es todo muy interesante. En plan: ¿no es extraño cómo a veces las cosas salen bien y otras no? A veces creo que lo que separa una vida creativa atormentada de otra apacible no es más que la diferencia que existe entre las palabras *horroroso* e *interesante*.

Después de todo, los resultados interesantes no son más que resultados horrorosos, pero sin dramas.

Creo que mucha gente renuncia a llevar una existencia creativa porque le da miedo la palabra *interesante*. Mi profesora de meditación preferida, Pema Chödrön, dijo una vez que el principal problema que detecta en las prácticas de meditación de sus alumnos es que abandonan en cuanto las cosas se ponen interesantes. Lo que equivale a decir que abandonan en cuanto las cosas dejan de ser fáciles, en cuanto se vuelven dolorosas, o aburridas, o perturbadoras. Abandonan en cuanto ven algo en sus mentes que las asusta o les hace daño. Así que se pierden la parte buena, la parte transformadora, la parte en la que superas las dificultades y descubres un universo nuevo, puro e inesperado de tu interior.

Y puede que ocurra lo mismo con todos los aspectos importantes de tu vida. Sea lo que sea lo que cultives, sea lo que sea lo que busques, lo que estés creando, cuídate de abandonar antes de tiempo. Tal y como advierte mi amigo el pastor Rob Bell: "No pases corriendo por las experiencias y circunstancias que mayor capacidad tienen de transformarte".

No pierdas el valor en el momento en que las cosas dejen de ser fáciles o gratificantes.

Porque ese momento...

Ese es el momento en que empieza lo *interesante*.

FANTASMAS HAMBRIENTOS

Fracasarás.

Es un asco y odio decirlo, pero es cierto. Asumirás riesgos creativos y a menudo no saldrán bien. Una vez tiré a la basura un libro terminado porque no funcionaba. Lo escribí hasta el final, pero la verdad es que no funcionaba, así que terminé tirándolo (¡no sé por qué no funcionaba! ¿Cómo voy a saberlo? ¿Qué soy? ¿Forense de libros? No tengo un certificado que explique la causa de defunción. *No funcionaba y punto*).

Cuando fracaso, me pongo triste. Me decepciono. La decepción puede hacerme sentir asqueada conmigo misma y hosca con los demás. Pero a estas alturas de mi vida he aprendido a sortear mis desilusiones sin hundirme demasiado en espirales autodestructivas de vergüenza, rabia o inercia. Eso se debe a que, a estas alturas de mi vida, he conseguido comprender qué parte de mí es la que sufre cada vez que fracaso: no es más que mi ego.

Es así de fácil.

A ver, en líneas generales, yo no tengo nada contra los egos. Todos tenemos uno (algunos incluso *dos*). Igual que necesitamos el miedo para la supervivencia humana elemental, el ego nos proporciona los contornos fundamentales del yo: te ayuda a proclamar tu individualidad, a definir tus deseos, entender tus preferencias y defender tus límites. Dicho en pocas palabras, el ego es lo que nos hace ser quienes somos. Sin él, no seríamos más que una masa amorfa. Por tanto, tal y como recomienda la socióloga y autora Martha Beck respecto al ego: "No salgas de casa sin él".

Pero tampoco dejes que se haga con todo el protagonismo, o echará a perder el espectáculo. Tu ego es un buen criado y un pésimo amo, porque lo único que busca son recompensas y más recompensas. Y puesto que toda recompensa es siempre poca, siempre estará decepcionado. Si no se controla, esa clase de decepción te pudrirá de dentro afuera. Un ego inmanejable es lo que los budistas llaman "un fantasma hambriento", aullando permanentemente de necesidad y avaricia.

Todos llevamos dentro una versión u otra de esa hambre. Todos tenemos esa presencia lunática que nunca está satisfecha con nada alojada en lo más profundo de nuestro ser. Yo la tengo, tú la tienes, todos la tenemos. Aunque a mí lo que me salva es decirme: *sé que no soy sólo un ego; también soy un alma.* Y sé que a mí alma le importan un comino la recompensa y el fracaso. Mi alma no se guía por sueños de gloria o miedo a las críticas. Mi alma ni siquiera tiene un lenguaje con el que expresar tales ideas. Mi alma, cuando le hago caso, es una guía de comportamiento mucho más rica y fascinante de lo que nunca será mi ego, porque busca una sola cosa: *el prodigio.* Y puesto que la creatividad es el camino que más eficaz me resulta para llegar a ese prodigio, en ella me refugio; y ella alimenta mi alma y apacigua al fantasma hambriento, salvándome así de la faceta más peligrosa de mí misma.

Así que cada vez que la vocecilla chillona de la insatisfacción asoma en mi interior puedo decir: "¡Ah, mi ego. Ahí estás, viejo amigo!" Es lo mismo que cuando me critican y me doy cuenta de que estoy reaccionando con ira, con dolor o poniéndome a la defensiva. No es más que mi ego encendiéndose y poniendo a prueba su poder. En circunstancias así, he aprendido a observar de cerca mis acaloradas emociones, pero trato de no tomármelas demasiado en serio, porque sé que no es más que mi ego que busca venganza, o llevarse el premio gordo. Es mi ego el que quiere empezar una guerra en Twitter contra alguien que me insulta, o enfurruñarse por un insulto, o salir de la habitación indignado y cargado de razón porque no ha conseguido lo que quería.

En momentos así siempre puedo hacer que las aguas vuelvan a su cauce recurriendo a mi alma. Le pregunto: "Y tú, ¿qué es lo que quieres, cariño mío?"

La respuesta es siempre la misma: "Más prodigio, por favor".

Mientras siga en esa dirección —hacia lo prodigioso—, sé que siempre estaré a bien con mi alma, que es lo que cuenta. Y puesto que la creatividad sigue siendo la manera más eficaz que tengo de llegar a lo prodigioso, la elijo *a ella*. Elijo bloquear el ruido y las distracciones externos (e internos) y volver una y otra vez a la creatividad. Porque sin esa fuente de prodigios, sé que estoy perdida. Sin ella, erraré por siempre en un estado de insondable insatisfacción, no seré más que un fantasma que aúlla atrapado en un cuerpo hecho de carne que se deteriora poco a poco.

Y eso me temo que no me sirve.

HAZ OTRA COSA

¿Cómo te quitas de encima la sensación de fracaso y vergüenza para seguir llevando una vida creativa?

En primer lugar, perdónate. Si has hecho algo y no ha funcionado, déjalo estar. Recuerda que no eres más que un principiante, incluso si llevas cincuenta años cultivando tu oficio creativo. Aquí todos somos principiantes y principiantes moriremos. Así que déjalo estar. Olvídate de tu último proyecto y sal a buscar el siguiente con una mentalidad abierta. Cuando era redactora en la revista *GQ*, mi editor jefe, Art Cooper, leyó un artículo en el que yo llevaba trabajando cinco meses (un extenso reportaje de viaje sobre políticos serbios que, por cierto, le había costado una pequeña fortuna a la revista) y una hora más tarde vino a verme con su respuesta: "No es bueno y nunca lo será. Resulta que no tienes la capacidad para contar esta historia. No quiero que pierdas un solo minuto más en ella. Por favor, ponte con el encargo siguiente".

Lo que fue un horror y bastante abrupto pero, hombre, ¡también de lo más *eficaz!*

Obedecí y me puse con lo siguiente.

Lo siguiente, siempre lo siguiente.

No te pares, sigue adelante.

Hagas lo que hagas, intenta no recrearte demasiado en tus fracasos. No hace falta que les hagas la autopsia. No necesitas saber lo que significa nada. Recuerda: los dioses de la creatividad no tienen la obligación de explicarnos nada. Admite tu decepción, tómatelo como lo que es y pasa página. Trocea ese fracaso y úsalo de carnada para intentar pescar otro proyecto. Es posible que algún día entiendas por qué necesitas pasar por esta carnada, por este desastre, antes de aterrizar en un sitio mejor. O quizá no.

Qué le vamos a hacer.

En cualquier caso, pasa página.

Ocurra lo que ocurra, mantente ocupado (siempre tomo prestado este sabio consejo del estudioso británico del siglo XVII Robert Burton sobre cómo sobrevivir a la melancolía: "No estés solo, no estés ocioso"). Encuentra algo que hacer, *lo que sea,* incluso si es un trabajo creativo de un tipo completamente distinto, sólo para quitarte de la cabeza la ansiedad y la presión. Una vez que estaba atascada con un libro me apunté a clases de dibujo sólo para abrir otro canal creativo en mi cabeza. No dibujo muy bien, pero daba igual: lo importante era permanecer en contacto con alguna clase de actividad artística. Estaba sintonizando mis diales, tratando de encontrar inspiración de cualquier modo posible. Con el tiempo, cuando había dibujado lo bastante, la escritura empezó a fluir de nuevo.

Einstein llamaba a esta táctica "juego combinatorio", el acto de abrir un canal mental interesándose de manera superficial por otro. Por eso a menudo se ponía a tocar el violín cuando le costaba trabajo resolver un problema matemático; después de unas cuantas horas de sonatas, por lo general encontraba la respuesta que necesitaba.

Parte del secreto del juego combinatorio, creo, es que apacigua tu ego y tus miedos, rebajando las expectativas. Tuve un amigo que era un jugador de béisbol de talento de joven, pero perdió la sangre fría y empezó a jugar mal. Así que dejó el béisbol y durante un año se dedicó a jugar al fútbol. No era el mejor futbolista, pero le gustaba, y cuando fracasaba no le afectaba tanto, porque su ego sabía la verdad: "Oye, nunca he dicho que jugar a esto fuera lo mío". Lo único que importaba era que estaba haciendo *algo* físico para volver a encontrarse a gusto en su piel, para sacarse a sí mismo de su cabeza y recuperar cierta naturalidad corporal. En cualquier caso, lo pasaba bien. Después de un año de dar patadas a un balón para divertirse, volvió al béisbol y comprobó que jugaba de nuevo, mejor y con más naturalidad que nunca.

En otras palabras: si no puedes hacer lo que te gusta, haz otra cosa.

Saca el perro a pasear, recoge toda la basura que te encuentres por la calle, saca otra vez al perro, haz un pastel de durazno, pinta piedritas con esmalte de uñas brillante y apílalos. Puede parecerte que estás procrastinando pero, si tu propósito es el correcto, no es así; es movimiento. Y cualquier movimiento es mejor que la inercia, porque a la inspiración siempre le atrae el movimiento.

Así que mueve los brazos. Fabrica algo. Haz algo. *Cualquier cosa.*

Despierta tu atención con alguna clase de acción creativa y, sobre todo, ten confianza en que si logras causar la suficiente conmoción positiva, con el tiempo la inspiración terminará por volver a ti.

PINTA LA BICICLETA

El escritor, poeta y crítico australiano Clive James tiene una historia maravillosa sobre cómo una vez, durante una etapa improductiva especialmente horrorosa, consiguió engañarse a sí mismo para volver a trabajar.

Después de un espectacular fracaso (una obra de teatro que escribió para representar en Londres que no sólo fue arrasada por la crítica, sino que también arruinó a su familia y le costó varios y queridos amigos), James cayó en un oscuro abismo de depresión y vergüenza. Cuando la obra estuvo fuera de cartel, se dedicó a quedarse sentado en el sofá y mirar la pared, humillado y derrotado, mientras su mujer se las arreglaba para mantener a la familia a flote. No sabía de dónde podría sacar el valor necesario para volver a escribir.

Después de una larga etapa de depresión, sin embargo, las hijas de James interrumpieron su duelo con una petición de lo más prosaica. Le pidieron que por favor hiciera algo para que sus viejas y destartaladas bicicletas de segunda mano tuvieran mejor aspecto. James obedeció (con docilidad, pero sin ilusión ninguna). Se obligó a levantarse del sofá y se puso manos a la obra.

Primero pintó con cuidado las bicicletas de sus hijas de tonos rojo intenso. Luego espolvoreó los radios de las ruedas de plata y las barras del asiento de manera que parecieran postes de barbero. Pero no se conformó con eso. Cuando se secó la pintura, se puso a añadir cientos de estrellitas plateadas y doradas —un campo de constelaciones exquisitamente detalladas—, de manera que recubrieran por completo las bicicletas. Las niñas estaban deseando que terminara, pero James descubrió que era incapaz de dejar de pintar estrellas ("de cuatro puntas, de seis puntas y luego las rarísimas de ocho puntas con puntitos periféricos"). Le resultaba un trabajo extraordinariamente satisfactorio. Cuando por fin estuvo terminado, sus hijas se marcharon pedaleando en sus bicicletas nuevas y mágicas, encantadas con el resultado, mientras el gran hombre las miraba y se preguntaba qué demonios haría a continuación consigo mismo.

Al día siguiente sus hijas llevaron a casa a una niñita del vecindario que le preguntó al señor James si por favor podía pintarle estrellas en *su* bicicleta también. James lo hizo. Confió en la petición. Siguió la pista. Cuando terminó apareció otra niña, y luego otra, y otra más. Pronto hubo una fila de niños esperando para que transformaran sus humildes bicicletas en *objets d'art* estelares.

Y así fue como uno de los escritores más importantes de su generación pasó varias semanas en el camino de entrada a su casa pintando miles y miles de estrellas minúsculas en las bicicletas de todos los niños de los alrededores. Mientras lo hacía llegó poco a poco a una conclusión. Se dio cuenta de que "el fracaso tiene una función. Te pregunta si de verdad quieres seguir haciendo cosas". Para su sorpresa, James se dio cuenta de que la respuesta era *sí*. Quería seguir haciendo cosas. De momento, lo único que quería era pintar unas estrellas muy bonitas en bicicletas infantiles. Pero mientras lo hacía algo iba cicatrizando en su interior. Algo cobraba vida de nuevo. Porque cuando terminó de decorar la última bicicleta, cuando cada estrella de su cosmos personal estuvo pintada en su sitio correspondiente, Clive James pensó por fin: *"Algún día escribiré sobre esto"*.

Y en ese momento fue libre.

El fracaso se había ido; había vuelto el creador.

Haciendo otra cosa —y haciéndola de corazón— había conseguido sacarse a sí mismo del infierno de inercia y regresar a la Gran Magia.

CONFIANZA CIEGA

El último —y quizá el más importante— acto de confianza creativa es sacar tu trabajo ahí fuera una vez que lo has completado.

Estoy hablando de una confianza ciega. No del tipo: "Estoy seguro de que voy a tener éxito", porque eso no es confianza ciega, sino ingenua, y lo que estoy pidiendo es que dejes de lado tu ingenuidad por un momento y te atrevas a algo mucho más vigorizante y poderoso. Como he dicho, y como sabemos todos en nuestro fuero interno, en la esfera de la creatividad no existe la garantía de éxito. Ni para ti ni para mí ni para nadie. Ni ahora ni nunca.

Aun así, ¿estás dispuesto a presentar tu trabajo al mundo?

Hace poco hablé con una mujer que me dijo: "Estoy casi preparada para escribir mi libro, pero me cuesta confiar en que el universo me garantizará el resultado que quiero".

¿Qué podía decirle? Odio ser una aguafiestas, pero es posible que el universo no le garantice el resultado que quiere. Sin duda, le brindará alguna clase de resultado. Las personas espirituales incluso dirían que es probable que el universo le brinde el resultado que *necesita...*, pero no el que *quiere*.

La confianza ciega te exige presentar tu obra de todas maneras, porque entérate, el resultado no importa.

No puede importar.

La confianza ciega te pide que te mantengas fuerte ante esta verdad: "Tú vales, querido, con independencia del resultado. Seguirás trabajando, con independencia del resultado. Seguirás haciendo partícipe al mundo de tu obra, con independencia del resultado. Has nacido para crear, con independencia del resultado. Nunca perderás la confianza en el proceso creativo, incluso cuando no *entiendas* el resultado".

Hay una famosa pregunta que surge, al parecer, en todos los libros de autoayuda: "¿Qué harías si supieras que no puedes?"

Pero yo nunca lo he visto así. Yo creo que la pregunta más brutal de todas es esta: "¿Qué harías incluso si supieras que es muy posible que fracases?"

¿Qué es lo que te gusta tanto hacer que las palabras *fracaso* y *éxito* se vuelven, en esencia, irrelevantes?

¿Cómo de ciega es tu confianza en ese amor?

Es posible que pongas en duda este concepto de confianza ciega. Es posible que te rebeles contra ella. Que quieras darle un puñetazo, una patada. Es posible que le preguntes: "¿Para qué voy a tomarme la molestia de hacer algo si el resultado puede ser *nada?*"

La respuesta llegará, normalmente, acompañada de una sonrisa pícara propia de un trilero: "Porque es *divertido, ¿o* no?"

En cualquier caso, ¿a qué otra cosa vas a dedicar el tiempo que tienes aquí en la Tierra? ¿A *no* hacer cosas? ¿A no hacer cosas interesantes? ¿A ignorar tu amor y tu curiosidad?

Después de todo, no hay alternativa. Tienes libre albedrío. Si vivir creativamente se vuelve demasiado difícil o insatisfactorio para ti, puedes parar en el momento que quieras.

Pero ¿de verdad quieres eso?

Porque, piénsalo: *entonces, ¿*qué?

Con la cabeza bien alta

Hace veinte años estuve hablando en una fiesta con un tipo cuyo nombre ya he olvidado, o quizá es que nunca lo supe. A veces pienso que este hombre entró en mi vida con el único propósito de contarme esta historia, que desde entonces me ha encantado e inspirado.

La historia trataba de su hermano pequeño, que quería ser artista. El tipo admiraba profundamente sus esfuerzos y me contó una anécdota ilustrativa de lo valiente, creativo y confiado que era su hermanito. A efectos de esta historia, que ahora voy a contar, le llamaremos "Hermano Pequeño".

Hermano Pequeño, aspirante a pintor, ahorró dinero y se fue a Francia a rodearse de belleza e inspiración. Vivía con lo justo, pintaba todos los días, iba a museos, visitaba rincones pintorescos, entablaba valientemente conversación con todas las personas que se encontraba y enseñaba su obra a quien estuviera dispuesto a verla. Una tarde, Hermano Pequeño entabló una conversación en un café con un grupo de jóvenes encantadores que resultaron ser alguna clase de elegantes aristócratas. Estos aristócratas jóvenes y encantadores encontraron simpático a Hermano Pequeño y lo invitaron a una fiesta ese fin de semana en el valle del Loira. Le prometieron que sería la fiesta más fabulosa del año. Asistirían ricos, famosos y varios miembros de la realeza europea. Pero lo mejor de todo era que sería un baile de disfraces en el que nadie escatimaría gastos. Algo para no perderse. ¡Busca un disfraz, le dijeron, y vente!

Ilusionado, Hermano Pequeño trabajó toda la semana en un disfraz con el que, estaba convencido, iba a causar sorpresa. Recorrió todo París buscando lo necesario y no dio información ni sobre los detalles ni sobre el grado de audacia de su creación. Luego alquiló un coche y condujo hasta el castillo, a tres horas de París. Se puso el disfraz en el coche y subió los escalones de entrada. Dio su nombre al mayordomo, que lo localizó en la lista de invitados y le dio la bienvenida educadamente. Hermano Pequeño entró en el salón con la cabeza bien alta.

Entonces fue cuando se dio cuenta de su error.

Era un baile de disfraces —en eso no le habían engañado sus nuevos amigos—, pero al traducir lo que le habían dicho se le había escapado un detalle: era un baile de disfraces *temático*. Y el tema era "la corte medieval".

Y Hermano Pequeño iba vestido de langosta.

A su alrededor, las personas más ricas y guapas de Europa iban ataviadas con ropajes dorados y elaborados trajes de época, cubiertas de joyas antiguas que centelleaban con elegancia mientras bailaban al son de una maravillosa orquesta. Hermano Pequeño, por su parte, llevaba leggins rojos, calcetas rojas, zapatillas de ballet rojas y pinzas gigantes hechas de hule espuma rojo. También llevaba la cara pintada de rojo. Esta es la parte en la que tengo que contarte que Hermano Pequeño medía más de un metro ochenta y era bastante delgado, pero con unas antenas largas y ondulantes en la cabeza parecía aún más alto. También era, por supuesto, el único estadounidense en la sala.

Se detuvo en el arranque de las escaleras durante un momento largo y espeluznante. Estuvo a punto de huir, avergonzado. Huir avergonzado le parecía la reacción más digna a la situación. Pero no lo hizo. Sacó determinación de alguna parte. Después de todo, allí estaba. Había trabajado muchísimo para hacer el disfraz y estaba orgulloso de él. Respiró hondo y caminó hasta la pista de baile.

Más tarde contó que su experiencia como aspirante a artista fue lo que le dio en aquel momento el valor y el derecho a ser tan vulnerable y absurdo. Algo en la vida le había enseñado ya a sacarlo ahí fuera, sea lo que sea ese "lo". Después de todo, ese disfraz era algo que había hecho él, y era lo que había llevado a la fiesta. Era lo mejor que tenía. Era *todo* lo que tenía. Así que decidió confiar en sí mismo, confiar en su disfraz, confiar en las circunstancias.

A medida que se acercaba a los aristócratas allí reunidos se fue haciendo un silencio. El baile cesó. La orquesta enmudeció. Los otros invitados rodearon a Hermano Pequeño. Por fin, alguien le preguntó de qué iba disfrazado, si podía saberse.

Hermano Pequeño hizo una marcada reverencia y anunció:

"Soy la langosta de la corte".

Oyó risas.

Nada de burlas, solo alegría. Les encantó su dulzura, su singularidad, sus pinzas rojas gigantescas, su culo huesudo y sus medias elásticas brillantes. Era el invitado estafador y se convirtió en el alma de la fiesta. Hasta bailó con la reina de Bélgica.

Así es como se hace, chicos.

Jamás he creado algo que no me hiciera sentir, en un momento u otro, como el tipo que entra en un baile elegante con un disfraz casero de langosta. Pero a pesar de eso tienes que entrar en esa habitación, y tienes que hacerlo con la cabeza alta. Lo has hecho; ahora toca enseñarlo. Nunca te disculpes, nunca lo justifiques, nunca te avergüences de ello. Lo hiciste lo mejor posible con lo que sabías, trabajaste con lo que tenías y en el plazo de que disponías. Te invitaron y fuiste. Más no se puede pedir.

Puede que te echen…, pero también puede que no. Aunque, en realidad, es probable que no lo hagan. A menudo la sala de baile es más acogedora y comprensiva de lo que te imaginas. Es posible incluso que alguien te encuentre brillante y maravilloso. Es posible que hasta termines bailando con la realeza.

O tal vez te toque bailar solo en un rincón del castillo agitando en el aire tus enormes y torpes pinzas de hule espuma rojo.

Tampoco pasa nada. En ocasiones la vida es así.

Lo que *no* debes hacer bajo ningún concepto es darte la vuelta y marcharte. Porque si lo haces, te perderás la fiesta, y eso sería una lástima porque —por favor, créeme— no hemos hecho todo este camino para, en el último momento, perdernos la fiesta.

6
Divinidad

Gracia inesperada

Mi última historia viene de Bali, de una cultura que aborda la creatividad de manera bastante distinta a como lo hacemos en Occidente. Esta historia me la contó mi viejo amigo y profesor Ketut Liyer, un curandero que me tomó bajo su ala hace años y compartió conmigo su sabiduría y su gracia considerables.

Tal y como me explicó Ketut, la danza balinesa es una de las grandes expresiones artísticas del mundo. Es exquisita, intrincada y ancestral. También sagrada. Se practica por lo general en templos, así se ha hecho durante siglos, bajo la vigilancia de los sacerdotes. El baile se protege con celo y se transmite de generación en generación. El propósito de estas danzas es nada menos que mantener intacto el universo. Nadie puede decir que los balineses no se toman sus bailes en serio.

A principios de la década de 1960 llegó a Bali por primera vez el turismo de masas. Los extranjeros visitantes quedaron de inmediato fascinados por las danzas sagradas. Los balineses no tienen ningún reparo a la hora de exhibir su arte, e invitaban a los turistas a entrar en los templos a verlo. Cobraban una pequeña suma por este privilegio, los turistas la pagaban y todos tan contentos.

A medida que aumentaba el interés turístico por este arte ancestral, los templos se atestaron de espectadores. Las cosas se volvieron un poco caóticas. Además, los templos no eran especialmente cómodos, ya que los turistas tenían que sentarse en el suelo con arañas, humedad y cosas así. Entonces un balinés tuvo la idea genial de llevar el baile a los turistas, en lugar de al revés. ¿No sería mucho más agradable y cómodo para los australianos tostados por el sol ver las danzas, digamos, en la piscina de un hotel en lugar de en el interior húmedo y oscuro de un templo? ¡Podrían tomarse un cóctel y disfrutar de verdad del espectáculo! Y los bailarines ganarían más dinero, porque habría capacidad para más espectadores.

Así que los balineses empezaron a interpretar sus danzas sagradas en los hoteles para así atender mejor a las necesidades de los turistas dispuestos a pagar, y todos tan contentos.

Bueno, todos no.

Los visitantes occidentales de elevados principios estaban escandalizados. ¡Aquello era la profanación de algo sublime! ¡Eran danzas sagradas! ¡Arte *sagrado!* No se puede hacer una danza sacra en el suelo profano de un hotel..., ¡y encima por dinero! ¡Era una abominación! ¡Era prostitución espiritual, artística y cultural! ¡Un sacrilegio!

Estos occidentales de elevados principios hicieron partícipes de sus preocupaciones a los sacerdotes balineses, quienes las escucharon con educación a pesar del hecho de que esa noción estricta e implacable de "sacrilegio" no es fácil de trasladar al pensamiento balinés. Tampoco está tan clara allí la distinción entre "sagrado" y "profano" como en Occidente. Los sacerdotes balineses no entendían muy bien por qué los intelectuales de elevados principios consideraban profanos los hoteles (¿es que lo divino no residía allí igual que en cualquier otro lugar?). De igual modo, les costaba comprender por qué no debería permitirse a los simpáticos turistas australianos

con sus trajes de baño mojados ver danzas baline-
sas mientras se tomaban un *mai tai* (¿es que aquellas
personas en apariencia agradables y amistosas no se
merecían presenciar la belleza?).

Pero los occidentales de elevados principios estaban decididamente disgustados por el giro de los
acontecimientos, y es de sobra sabido que a los balineses no les gusta disgustar a sus visitantes, así que
se pusieron a solucionar el problema.

Los sacerdotes y los maestros de la danza se
reunieron y dieron con una idea inspirada…, una idea
inspirada en una ética maravillosa de naturalidad
y confianza. Decidieron que inventarían unas cuantas danzas nuevas que *no* serían sagradas y que sólo
ofrecerían estas danzas con certificado de "ausencia
de divinidad" en los hoteles para turistas. Las danzas
sagradas volverían a los templos y se reservarían para
las ceremonias religiosas.

Y eso fue lo que hicieron. Y con la mayor naturalidad, sin dramas ni traumas. Adaptaron gestos y pa-
sos de las viejas danzas sagradas para crear lo que era,
en esencia, un pastiche, y empezaron a interpretar estas
piruetas sin sentido en los hoteles a cambio de dinero.
Y todos contentos, porque los bailarines bailaban, los
turistas se entretenían y los sacerdotes ganaban algo de

dinero para los templos. Y lo mejor de todo era que los occidentales de elevados principios podían relajarse, porque la distinción entre lo sagrado y lo profano había sido convenientemente reestablecida.

Todo en su sitio, pues. Como debía ser y para siempre.

Excepto que no era ni como debía ser ni para siempre.

Porque nada lo es nunca.

La cuestión es que en los años siguientes aquellos bailes nuevos y absurdos se fueron refinando cada vez más. Los chicos y chicas que bailaban se encariñaron con ellos y, al trabajar con una nueva sensación de libertad e innovación, fueron transformando las representaciones en algo bastante espectacular. De hecho, las danzas se fueron haciendo trascendentales. En lo que constituye otro ejemplo de sesión espiritista no intencionada, parecía que aquellos bailarines balineses —a pesar de sus esfuerzos por no ser en absoluto espirituales— estaban convocando sin darse cuenta la Gran Magia para que bajara desde los cielos. Allí, en la piscina. Su intención original había sido sólo entretener a los turistas y entretenerse ellos, pero ahora se topaban con Dios cada noche, y todo el mundo se daba cuenta. Podía decirse, incluso, que

las nuevas danzas habían llegado a ser *más* trascendentales que las antiguas y sagradas.

Al percatarse del fenómeno, los sacerdotes balineses tuvieron una idea maravillosa: ¿por qué no
coger esas danzas falsificadas, llevarlas a los templos,
incorporarlas a las religiosas ceremonias ancestrales
y usarlas como una forma de plegaria?

Y ya puestos, ¿por qué no *sustituir* algunas de
aquellas danzas sagradas viejas y rancias por las nuevas falsificaciones?

Así que eso hicieron.

Con lo que las danzas sin significado se convir-
tieron en danzas sagradas porque las danzas sagradas
habían perdido su significado.

Y todos tan contentos, a excepción de los occidentales de elevados principios, claro, que ahora estaban hechos un auténtico lío porque ya no sabían
qué era sagrado y qué profano. Se habían desdibu-
jado las fronteras entre lo elevado y lo popular, entre
lo leve y lo intenso, entre el bien y el mal, entre ellos
y nosotros, entre Dios y la Tierra… y tamaña paradoja les estaba haciendo alucinar.

Algo que, no puedo menos que pensar, es lo que
los sacerdotes estafadores habían buscado desde el
principio.

Conclusión

La creatividad es sagrada y al mismo tiempo no lo es.

Lo que hacemos importa muchísimo y al mismo tiempo no importa nada.

Trabajamos en soledad, y nos acompañan espíritus.

Estamos aterrorizados y somos valientes.

El arte es una tarea abrumadora y un privilegio maravilloso.

Sólo cuando estamos más dispuestos a divertirnos puede lo divino instalarse en serio en nosotros.

Haz sitio en tu corazón para todas estas paradojas y, te lo prometo, podrás hacer lo que te propongas.

Así que, por favor, tranquilízate y vuelve al trabajo. ¿De acuerdo?

Los tesoros escondidos en tu interior están deseando que digas que sí.

Agradecimientos

Estoy profundamente agradecida a las siguientes personas por su ayuda, su apoyo y su inspiración: a Katie Arnold-Ratliff, Brené Brown, Charles Buchan, Bill Burdin, Dave Cahill, Sarah Chalfant, Anne Connell, Trâm-Anh Doan, Markus Dohle, Rayya Elias, Miriam Feuerle, Brendan Fredericks, al fallecido Jack Gilbert, Mamie Healey, Lydia Hirt, Eileen Kelly, Robin Wall Kimmerer, Susan Kittenplan, Geoffrey Kloske, Cree LeFavour, Catherine Lent, Jynne Martin, Sarah Mc-Grath, Madeline McIntosh, Jose Nunes, Ann Patchett, Alexandra Pringle, Rebecca Saletan, Wade Schuman, Kate Stark, Mary Stone, Andrew Wylie, Helen Yentus..., y, por supuesto, a los Gilbert y a los Olson, que me enseñaron, por ejemplo, a ser alguien que hace cosas.

También estoy agradecida a la organización TED Conference por invitarme (¡en dos ocasiones!) a subir a su estrado a hablar del espíritu, de fantasía y creatividad. Esas charlas me llevaron a depurar estos conceptos y me alegro de ello.

Le doy gracias a Etsy por aceptar este proyecto y por acoger muchos otros. Representas todo aquello de lo que habla este libro.

Por último, quiero enviar mi cariño y gratitud a mis maravillosos seguidores de Facebook. Sin vuestras preguntas, ideas y manifestaciones diarias este libro no existiría.

ELIZABETH GILBERT es la autora de *Come, reza, ama*, el superventas número uno del *New York Times*, y de varios best sellers internacionales de ficción y no ficción. Comenzó su carrera escribiendo para *Harper's Bazaar*, *Spin*, *The New York Times Magazine* y *GQ*; y fue tres veces finalista del National Magazine Award. Su colección de relatos *Pilgrims* fue finalista del premio PEN/Hemingway. Su novela *The Last American Man* fue finalista del National Book Award y del National Book Critics Circle Award y su memoir *Comprometida* alcanzó rápidamente el número uno del *New York Times*. Su novela más reciente, *La firma de todas las cosas*, fue considerada como mejor libro de 2013 por *The New York Times*, *O Magazine*, *The Washington Post*, *Chicago Tribune* y *The New Yorker*. También ha publicado relatos cortos en *Esquire*, *Story*, *One Story* y *The Paris Review*.

«La creatividad es sagrada
y al mismo tiempo no lo es.
Lo que hacemos importa muchísimo y
al mismo tiempo no importa nada.
Trabajamos en soledad,
y nos acompañan espíritus.
Estamos aterrorizados
y somos valientes.
El arte es una tarea abrumadora
y un privilegio maravilloso.
El trabajo quiere ser hecho,
y quiere ser hecho por ti».

ELIZABETH GILBERT

Otros tíutlos de

ELIZABETH GILBERT

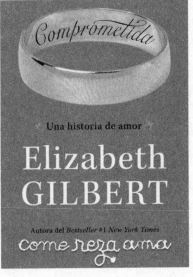

Otros tíutlos de
ELIZABETH GILBERT

 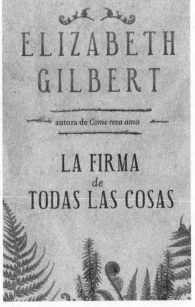

Libera tu magia de Elizabeth Gilbert
se terminó de imprimir
en septiembre de 2016 en los talleres de
Berryville Graphics,
25 Jack Enders Blvd.
Berryville, VA 22611, USA